80代

素晴らしき哉《かな》、

87歳現役医師が綴る
後半生の心構え

帯津三敬病院名誉院長・医師
帯津良一

ワニ・プラス

はじめに

楽しからずや、80代

私は現在、87歳。毎日、楽しくも充実した日々を送っています。作家の五木《いつき》寛之《ひろゆき》さんが『百歳人生を生きるヒント』（日経プレミアシリーズ）のなかで、

「七十代は大人の黄金期」

と書いていますが、80代はまさに私にとっての黄金期です。

貝原益軒《かいばらえきけん》の言う、

「人生の幸せは後半にあり」

を実感している毎日です。その幸せな後半生を手にするために必要なこととして、

①　生活費

②　健康
③　生きがい

を挙げたのが、医療史がご専門の立川昭二《たつかわしょうじ》先生ですが（44ページ参照）、この項目に従って、私の現在の状況についてご披露したいと思います。

まず生活費です。生活費を稼ぐのはなんといっても医師としての本業です。医師としての仕事は19年前、池袋に帯津三敬塾クリニックを開設して以来、まったく変わっていません。すなわち月・火・金は川越の帯津三敬病院で仕事をし、水・木は池袋のクリニックで仕事をしています。

その内容もまったく変わりません。体に対しては西洋医学を駆使し、心に対しては患者さんにぴたりと寄り添い、命に対しては各種代替療法を駆使しながら養生《ようじょう》に励み、理想のホリスティック医学を日夜、追求しています。

代替療法も漢方薬、気功、太極拳、食事療法、ホメオパシー、サプリメント、心理カウンセリング、イメージ療法、鍼灸《しんきゅう》治療、ビワ温灸、アロマテラピー、音楽療法とまったく変わりません。

養生法のレベルアップのために併設した養生塾は、1週間に院内の道場で功《こう》法《ほう》が30教室とその威容を誇っていましたが、コロナ禍に入ってから感染防止対策のため、道場を閉鎖しました。それが今年（2023年）の5月8日から再開したのです。これからが楽しみです。

先祖伝来の百姓の血が騒ぐのか、私はもともと働くことが好きなのです。立ち働いていれば楽しいのです。だから休日が嫌いで、なかんずく正月休みなどは大嫌いなのです。

病院の正月休みは12月30日から1月3日までの5日間ですが、川越の病院開設以来40年余《よ》、元日は病棟回診に充ててきました。さらにもう1日働こうと企てたりして、周囲の顰蹙《ひんしゅく》を買っています。

そしてもう一つの理由として、休日は大好きな晩酌の味がいささか落ちるのです。汗水垂らして働いた日の、あの天にも昇るような美味しさがないのです。

コロナ禍以前の土・日はほとんど講演の仕事で埋まっていたのが激減して、さびしい思いをしたものでした。最近、少しずつ回復してきましたが、まだ往年の半分といったところでしょうか。それでも、ありがたいと感謝感謝です。

次は健康です。まず私の持病は高血圧症と痛風《つうふう》です。どちらも30年以上前に診断されて、私の病院の内科の医師からも服薬を勧められました。しかし、若《わか》気《げ》の至りで、それをお断りしてライフスタイルを調えることで対応していこうと思いました。ところが成書《せいしょ》によれば、高血圧症の場合は塩分を制限しなければなりません。塩分が大好きで、酒のつまみにいかの塩辛、酒盗、筋子《すじこ》、鱈子《たらこ》などが必需品である私としては応じられません。

さらに痛風にはアルコール類の制限があります。日本酒なら1合まで、ビールは中瓶、ウイスキーはストレート1杯までというのですからあきれてしまいました。そこで高血圧症も痛風も服薬することにしました。そして塩分もアルコール類も好きなだけ摂《と》ることにしたのです。

おかげさまで、わが人生は豊かなものになりました。最近では、ときに「薬はこうして使うものだ！」と患者さんを諭《さと》したりしています。

そして、免疫学の泰斗《たいと》、多田富雄《ただとみお》先生の脳梗塞《のうこうそく》についての話です。先生とは日本統合医療学会のシンポジウムの壇上で同席したことがありますし、『免疫の意味論』（青土社）などのご著書を通じて、尊敬おさおさ怠りなしという感じでした。その多田先生が講演中に脳梗塞で倒れたというのです。右半身麻痺のうえに喋れない、飲めないというのですから大変です。大好きな日本酒もシャーベットに混ぜて口に含んでいるというのです（71ページ参照）。

あれだけの才能が、これからは講演も執筆もできなくなるのかと愕然《がくぜん》としたものです。

才能はとうてい及ばないとしても、私も脳梗塞になれば大好きな仕事ができなくなります。仕事ができなくなれば日銭に事欠きます。そうすると、これまた大好きな晩酌ができなくなります。俄然《がぜん》、脳梗塞が空恐《そらおそ》ろしくなりました。

そこで予防のために、血液をサラサラにするナットウキナーゼを成分とするサプリメントを飲み始めました。もう十数年になります。

数年前にこういうことがありました。女性誌の『家庭画報』さんが、「帯津先生はなぜこんなに元気なのか」という連載を企画したのです。まずは私の全身が検査され、そのデータが公表されたのです。その際、私の頭部CTを診断した脳外科の医師から電話がありました。

「先生くらいの年齢ですと、知らずして罹患したラクナ梗塞《こうそく》の跡が三つか四つあるものなのですが、先生は一つもないのですよ。何かやっていますか?」と。そこで、このサプリメントに対する信頼を深めた次第です(74ページ参照)。

さらに、下半身が衰えて長時間の労働に耐えられなくなっては困ります。いろいろ調べた結果、

◎筋肉の衰えを防ぐために良質のタンパク質、すなわち牛肉を食べる。
◎骨の脆弱化を防ぐために昆布の出し汁を多飲する。

という結論に至りました。

牛肉はもともと好きで、若い頃は厚さ3センチほどのステーキを食べていましたが、年齢とともに分厚い肉が苦手になってきて、最近では厚さ1センチほ

どになってきました。むしろ、すき焼きのほうが好きになってきて、池袋で働いている日の昼食は近くのうどん屋さんで「すき焼きとろろ丼」をもっぱら食べています。

また、骨の脆弱化を防ぐのはなんといってもカルシウム（Ca）です。なかでもカルシウムの吸収がよいのはカルシウムとリン（P）の比率が2対1の昆布であるといわれています。

私は晩酌の友として湯豆腐が好きで、50年来、毎晩のように夏冬関係なく食べています。湯豆腐の場合は昆布の出し汁と決まっていますから、50年以上にわたって毎晩、昆布を摂っていることになります。図らずも上出来でした。

そこで、ずっと私の晩酌の友を担当してくれている元栄養科長さんに話したところ、

「わかりました。これからは昆布の出し汁を余計に作りますから、ウイスキー

のチェイサーとして飲んでください」

と来たものです（85ページ参照）。

これは当たりました。じつに美味いのです。毎晩、大きなコップに3～4杯は飲んでいます。

もう一つ、コロナ禍に入ってから縁あって梅肉の液状エキスを飲んでいます。以上のいずれが効いたのか、20年余にわたって200台を維持していたγ－GTPの数値が最近では90前後に下降しました。ありがたいことです。

そして最後の生きがいです。生きがいといえばなんといっても仕事ですが、それ以外の筆頭は晩酌です。『養生訓』の
酒は天の美禄《びろく》なり。少しのめば陽気《ようき》を助け、血気《けっき》をやわらげ、食気《しょくき》をめぐらし、愁《うれい》を去り、興《きょう》を発して甚《はなは》だ人に益《えき》あり。

を金科玉条《きんかぎょくじょう》としています。

平生《へいぜい》はビールとウイスキーですが、時と場合によってはなんでも飲みます。晩酌の友は湯豆腐と刺し身が主力ですが、いかの塩辛、筋子、鱈子、からすみなども大好きで、見るだけでいとおしくなってきます。

また患者さんの不安を和らげるために、70代に入って、「今日が最後の日」と思って生きるようになってからは、晩酌が「最後の晩餐」となり、喜びが倍化しています。

次いで講演と執筆です。どちらも聴いてくれる人、読んでくれる人と共有する場のエネルギーが上昇するところがうれしいのです。こうした卑近な場のエネルギー向上は、必ず地球の自然治癒力の向上につながるからです。

最近、天災にしても、紛争にしても、地球の自然治癒力の凋落《ちょうらく》ぶりは目に余るものがあります。このままいくと地球の滅亡も絵空事《えそらごと》ではありません。

恋心も同じです。二人が愛し合うことが共有する場に働いて、地球の場の向上をもたらすのです。さらには限りなく高い境地を目指す太極拳で「生と死の統合」を目指すのです。

振り返ってみますと、60代より70代、70代より80代と楽しさが増しています。故郷が近くなってくるためなのでしょうか。

これぞ「ナイスエイジング」、そのものなのではないでしょうか。

2023年6月

帯津良一

もくじ

はじめに　楽しからずや、80代——2

第1章 人生の幸せは後半にあり。
江戸の三大養生書——19

私の医師遍歴についてお話ししましょう——20
都立駒込病院での毎日——25
〈手術日の1日〉
中西医結合によるがん治療病院を設立するまで——30
江戸時代の三大養生書のダイジェスト——38
『養生訓』『夜船閑話《やせんかんな》』『言志四録《げんししろく》』

第2章 後半生の幸せを向上させるためにナイスエイジングを実践中——43
老いを豊かに生きる三条件——44
「ナイスエイジング」の誕生——47
第3章 老化をそれとして認め、楽しく抵抗する——51
老境についての考え方——52
老化に楽しく抵抗する方法——62

①日常生活のなかで、小まめに動く
②好きなものを食べる。悪食《あくじき》もまたまた好《よ》し
③酒は天の美禄《びろく》なり
④喫煙もまた養生のうち
⑤脳梗塞《のうこうそく》を防ぐためのサプリメント
⑥下半身の衰えを防ぐために牛肉と昆布の出し汁。そして太極拳

第4章 死を受け入れる——93

生きるも死ぬもあるがまま——楊名時先生——94
「この病院で死にます」という重い言葉——98
生と死を統合した見事な旅立ち——106
まるで仏様のような顔に——手塚治虫さん——111
例外なく素晴らしい顔に——帯津良一——114

第5章 自分流の養生をおこなう——119

帯津流の食養生——120
①朝食 ②昼食 ③夕食 ④小まめに立ち働く
⑤心のときめきのチャンスは、必ずものにする
○最後の晩餐 ○講演 ○執筆 ○太極拳
○恋心 ○毎日の気功 ◎調和道丹田呼吸法

調和道協会へ入門する——151

虚空と一体になる呼吸法を開発——158
◎新呼吸法「時空」
①予備功 ②気となじむ ③四億年前を想い出す——波打ち際のリズム呼吸
④虚空と気の交流をする ⑤虚空と一体となる ⑥収功

第6章 生と死の統合――167
死後の世界を確信する――168
養生の究極は「生と死の統合」――173
年齢とともに死に対する親しみが――176
戦友の旅立ち――179
第7章 わが後半生――185
後半生における私の日常生活――186
この期間におこなった対外活動――191
① 1996年　スピリチュアル・ヒーリングの研修旅行(60歳)
② 1997年　ホリスティック・サンフランシスコ(61歳)

③ 2000年1月　日本ホメオパシー医学会設立（64歳）
④ 2000年5月　養生塾設立（64歳）
⑤ 2004年　帯津三敬塾クリニック開設（68歳）
後半生における私の体力、知力、そして酒量——201
おわりに　死後の世界が楽しみだ——205

第1章

人生の幸せは後半にあり。江戸の三大養生書

私の医師遍歴についてお話ししましょう

がん治療の現場に身を置いて、61年が過ぎました。
最初の20年は外科医として食道がんの手術に明け暮れ精を出し、次の5年は中西医結合のがん治療を旗印に掲げた病院を開設し、最後の36年が理想の医学であるホリスティック医学を追い求めて、ということになります。

私たちの学生の頃はインターンという制度がありました。
『広辞苑』によりますと、

医師・理容師・美容師などの志望者が修学後免許を得るための要件として職場で行う実習また実習生。日本では医学のインターンは1946年に導入、68年に廃止。

とありますから、ごく短い期間だったようです。

このインターンの1年間に、将来の進路を決めなくてはなりません。どこの医局に籍を置くかを決めるわけです。私は教育者にも研究者にも向いていないと思い、一介の町医者になろうと思いました。一人でやるとなればできることが多いほうがいいでしょう。そこで外科に進むことにしたのです。

東京大学には第一外科、第二外科そして分院の外科と三つの外科がありましたが、ふとしたご縁で分院外科に入局いたしました。

ここでの外科医の教育システムとしては、1年目は各病棟に配属され、外科医としての基礎を叩き込まれます。

2年目は1年間、地方の関連病院で外科医としての臨床を学びます。

3年目から3年間は各研究グループに配属され、学位論文を一つ仕上げます。

6年目と7年目は病棟のリーダー、すなわち責任者として一人前の外科医としての成長を図れます。

ということで、私の場合は2年目に静岡県の共立蒲原《かんばら》総合病院に出張。3年目に帰局して、食道がんのグループに配属されました。

食道がんの手術といえば、当時は消化器外科の手術としてはいちばん難しい手術で、執刀は教授と決まっていましたし、一介の町医者を目指す者には無用の長物といった感じでしたが、それはそれ、人情としては手術の名手たらんと欲したものでした。

時あたかも東大闘争が勃発、それまで教授の任命によって選出されていた医局長が医局員の選挙で選ばれるようになったために、私は選挙制度になって第二代の医局長に選出されてしまったのです。申し遅れましたが、入局6～7年生が務める病室担当のチームリーダーはハウプト（Haupt）と呼ばれていました。ドイツ語で頭《かしら》とか親分という意味です。そのハウプト終了の直前に医局長にされてしまったのです。

医局長になると事務的な仕事が山積していて、とてもハウプトを務めるわけにはいきません。そこでハウプトを任期満了を待たずに辞めて、医局長に専念することになりました。医局長の仕事で、いちばん大変なのが、人攫《ひとさら》いです。関連病院の院長を務めている先輩が欠員のできた外科を補充すべくやって来るのです。

あるとき、昔世話になった共立蒲原総合病院の院長さんがやって来て、外科医長を務めている人を欲しいと言います。いろいろ医局のなかを当たってみましたが、該当者が見つかりません。大恩ある院長先生に悲しい思いをさせたくなかったので、私自身が行くことにしたのです。またまた医局長の任期満了を待たず辞めることになりました。

二度目の蒲原の生活は快適でした。知り合いが多いので、仕事もやりやすければ、飲み仲間にも事欠きません。仕事に晩酌という日々の暮らしを楽しんでいるところへ、東京大学第三外科の教授からの電話が。

「これまで感染症の病院であった都立駒込病院が、この度、東京都のがんセンターとしてスタートすることになった。そこで全国からがん治療の専門家を集めるべく、全国の大学病院のそれぞれの医局にスタッフ派遣の要請が舞い込み始め、東大第三外科には食道がん手術専門の外科医を一人と、胃がん手術専門の外科医を一人ずつという要請がありました。そこで、帯津先生、食道がん手術の担当として都立駒込病院に行ってくれませんか」

と来たものです。蒲原の生活を楽しんでいただけに、しばし迷いましたが、大恩ある医局の要請ですし、とにかく行ってみることにしました。

都立駒込病院での毎日

当時有楽町にあった東京都庁の衛生局で辞令をいただき、バスで本駒込の駒込病院前で降りてみると、目の前に5月の青空をバックに新装なった病院が聳《そび》えています。

これを見た途端、「よしっ！　この地でわれわれの努力で、がんを克服するのだ！」という闘志が湧いてきたものです。

この闘志は私だけのものではなく、全国から集まって来た精鋭たちに、さらには医師だけではなく、看護師やコ・メディカルのスタッフに共通のもので、都立駒込病院の場のエネルギーはきわめて高いものでした。それに加えて設備も一流、特に集中治療室は日本一と言われたものです。

ここで私たちは日夜、意気軒昂《いきけんこう》として立ち働いていました。本当に充実した楽しい思い出です。ご参考のために、典型的な手術日の1日の流れを紹介したいと思います。

〈手術日の1日〉


5時頃起床。牛乳1杯飲んで、自転車で東武東上線の川越駅へ。

6時頃、川越駅から東上線にて池袋駅へ。

7時前に山手線の田端駅に到着。徒歩で駒込病院に。途中の簡易食堂で軽い朝食を認《したた》め、
7時30分頃、病院に到着。自分の受け持ちの病棟回診を行い、その日に手術予定の患者さんに声をかけたあと、
8時頃に手術室へ。

9時執刀。

15時頃、手術終了。

15時30分頃、ICUに。患者さんの状態が落ち着くのを待って、

18時頃、日勤を終えたICUの看護師さんの一人、二人を引き連れ町へ出て、馴染みの食堂で夕食。アルコールも少量。
19時30分頃、帰院して、しばらくICUで患者さんの状態を観察したあと、
21時頃、ICUの当直室で就寝。

手術当日は帰宅してしまってから患者さんに不測の事態が生じた場合どうにもなりませんので、原則としてICUの当直室に泊まることにしていたのです。しかし、きちんとした手術をしていれば、そうそう不測の事態が生じるものではありません。だから7年間で不測の事態が生じたことはまったくありませんでした。

翌朝は4時30分頃起床、ICUの患者さんが落ち着いているのを見届けたあと14階にある医局へ。エレベーターを降りて窓から明け始める東京の下町を一望して、ある種の感慨にふけったものでした。

また再発のために再入院した患者さんが亡くなったときは翌日病棟回診を済ませたあと、11時頃一人タクシーで上野広小路の近くにあった「釜《かま》めし春《はる》」に行き、釜飯とお銚子1本で心からご冥福を祈りましたし、難しい患者さんがうまくいって無事退院できたときは、ICUの看護師の誰彼を連れて柴又の帝釈天にお礼参りをし、その帰路に門前にある「川千家《かわちや》」さんに立ち寄って、お清めをしたものでした。

こうして意気軒昂として仕事に励んでいた私の気持ちに、翳《かげ》りが忍び寄るようになったのはいつ頃のことだったでしょうか。手術も術後の管理もうまくいって予定通りに退院していく患者さんがほとんどなのに、再発して再入院してくる患者さんが少なくないことに西洋医学の限界を感じたのです。

西洋医学の限界は何処《どこ》に？　病気の局所を観ることにかけては非常に長《た》けた医学なのに、病気の局所と他の臓器との、あるいは人間全体との目に見えないつながりを観ようとしないところに西洋医学の限界を感じたのです。ならば、つながりを観る医学を合わせればもっともっと再発が少なくなるだろう。

つながりを観る医学は何処に？　あっ中国医学だ！　と閃いたのです。同時に、**「中西医結合《ちゅうせいいけつごう》」**という言葉が閃きました。中国ではアヘン戦争の頃から、この言葉が取り沙汰されていることを仄聞《そくぶん》していたのです。北京市と東京都が友好都市であることも知っていました。

そこで、ある日、東京都の衛生局を一人で訪ねたのです。

「中国医学がどのようにして、がん治療に貢献しているのか。この目で確かめたいので、私を北京に行かせてくれませんか」と。内心、断られるかと思っていたのですが、「どうぞ行ってください。渡航費も滞在費も東京都が持ちましょう。合わせて北京市がんセンターの招聘《しょうへい》も取りつけましょう」と来たものです。

中西医結合によるがん治療病院を設立するまで

北京市がんセンターでは、漢方薬部門のヘッドをしていた李岩《りがん》先生の病棟回診につき、本場のがんに対する漢方薬処方に直に触れることができました。また、北京市肺がん研究所の付属病院では、世界的に有名な外科医であるとともに中国医学にも造詣《ぞうけい》が深い辛育令《しんいくれい》先生の案内で、有名な鍼麻酔《はりますい》による開胸手術も見学することができました。

終わって、あの鍼麻酔は誰にでも効くのですかと問うと、

「効く人と効かない人がいます」

「どういう人が効くのですか」

「素直な人が効きます」

「でも、素直か素直でないか、前もってわからないでしょう?」

「その通りです。だから全員、素直でないという前提で、素直にしてから麻酔をするのです」

「何をするのですか」

「全員に術前3週間、気功《きこう》をやってもらいます」

「えっ！　気功？」


この頃、気功という名称が日本のメディアにも、ちらほらと登場してきていました。お会いしたことはありませんが、草分け的な人物として津村喬《つむらたかし》さんと星野稔《ほしのみのる》さんの名前も記憶していました。

しかし、私は気功をまだ見たことがありません。そこで、「気功を一度見てみたいのですが……」とお願いすると、「今もやっていますよ」と言って、中庭に案内してくれました。

10人くらいの人々が円陣を組んで気功をやっていました。一目見た途端、
「あっ！　これは呼吸法だ！」
と思いました。というのは、私は学生時代、空手部に属していましたが、外科医になってあまりの忙しさに空手どころではなくなって、一旦、空手の稽古をやめました。しばらくして八光流柔術《はっこうりゅうじゅうじゅつ》を始め、これに強くなるために調和道《ちょうわどう》丹田《たんでん》呼吸法《こきゅうほう》を始めたところだったのです。そして、まもなく、**「中国医学でがんの治療や予防に最適なのは気功ではないか」**と閃いたのです。

気功を身につけて帰りたいと思いましたが、時間がありません。仕方がないので、気功の本を20種類ほど購入して帰国しました。

帰国してから読んでみて、

調身《ちょうしん》、調息《ちょうそく》、調心《ちょうしん》

が揃っていればなんでも気功であるとわかりました。

そして、八段錦《はちだんきん》と調和道丹田呼吸法を、駒込病院で術後の患者さんに教えよ

うとしたのですが、高度先進医療に酔い痴《し》れている患者さんは乗ってきません。

そこで、気功を中心とした中西医結合によるがん治療を旗印に掲げた病院を郷里の川越市に開設しました。1982年の11月1日のこと。わずか45床の小さな病院でした。

漢方薬については経験のある埼玉医科大学放射線科の鈴木健之《すずきけんじ》先生と東京大学第三外科の後輩の小原恵《おばらけい》先生がパートタイマーとして参加してくれました。さらに北京市がんセンターの李岩先生が何回も来日して、わが病院の漢方薬部門の基礎を築いてくれました。私自身も勉強のために数え切れないくらい訪中をしたものです。

その頃は現在のように電話が普及していなかったので、李岩先生から、「〇月〇日、北京の広安門《こうあんもん》医院で漢方薬によるがん治療の研究会が開かれます。どうぞいらしてください」という電報がKDDを通して送られてくるのです。すぐに出かけて行きました。中国語は話せなくても、研究会はスライドがありますので十分に理解できるからです。

鍼灸については八光流柔術の仲間の小林健二《こばやしけんじ》先生にお願いしました。のちに彼の友人が加わって、いつも二、三人の鍼灸師が手分けして施術していました。

気功については最初は調和道丹田呼吸法を道祖《どうそ》研究会の長充也《おさみつや》先生、古山楯《ふるやまたて》男《お》先生と私。八光流柔術を小林健二先生と私、楊名時《ようめいじ》太極拳と八段錦を帯津稚《わか》子《こ》という布陣でスタート。まもなく、上海の黄健理《こうけんり》先生の放松功《ほうしょうこう》と北京の楊秀《ようしゅう》峰《ほう》先生の宮廷21式呼吸健康法が加わります。

このようにして最初は閑古鳥《かんこどり》が鳴いていた気功道場も賑わいを見せ始め、職員が一丸となって中西医結合に取り組んでいるところへ、ホリスティック医学が入ってきます。

ホリスティック医学とは体、心、命が一体となった人間まるごとをそっくりそのままとらえる医学で、部分を観ることに急なあまり、要素還元主義（Reductionism）に陥ってしまった西洋医学に対する批判と反省から1960年代のアメリカ西海岸で生まれたといわれています。

その基本概念は南アフリカ連邦の政治家にして哲学者、J・C・スマッツの提唱する、全体論（Holism）すなわち、**「全体は部分の総和としては認識できず、全体それ自身としての原理的考察が必要である」**とする考え方です。

いち早く、大学内にホリスティック医学研究会を発足させた東京医科大学の若い内科の先生たちに初めて紹介されて、ホリスティック医学に飛びついたものです。がんは体だけの病ではなく、心にも命にも深くかかわった病であることを当時からすでに身に沁みてわかっていたからです。

そして、彼らと語らい、日本ホリスティック医学協会を設立したのが1987年9月。初代会長は東京医科大学の教授で公衆衛生学が専門の藤波襄二《ふじなみじょうじ》先生が務めてくれました。間髪《かんはつ》をいれず、がん治療の現場にホリスティック医学を導入です。しかし、ホリスティック医学はまだ固有の方法論を確立していませんでした。まずは方法論を築いてからスタートするのが本来ですが、患者さんは待ってはくれません。そこで一計を案じました。

①体に働きかける治しの方法。主として西洋医学
②心に働きかける方法。各種心理療法の助けを借りながら、患者さんと治療者が心を一つにする
③命に働きかける癒やしの方法。主として各種代替療法《だいたいりょうほう》と養生法《ようじょうほう》

のそれぞれから、その患者さんに合った戦術を取り出して、それらを統合して個性的な戦略を組み立てるのです。

代替療法としては、

漢方薬、鍼灸、気功、太極拳、食事療法、サプリメント、アロマテラピー
少し後《おく》れて**ホメオパシー、ビワ温灸**
心理療法としては、
サイモントン療法、心理カウンセリング、イメージ療法、音楽療法
養生法としては、
食事療法、気功、太極拳、心のときめきなど

世に養生書なるものはごまんとあります。とてもすべてに目を通すわけにはいきません。そこで、江戸時代の三大養生書、
『養生訓』（貝原益軒《かいばらえきけん》、1630〜1714年）
『夜船閑話《やせんかんな》』（白隠慧鶴《はくいんえかく》、1685〜1768年）
『言志四録《げんししろく》』（佐藤一斎《さとういっさい》、1772〜1859年）
の三冊を座右の書としました。

江戸時代の三大養生書のダイジェスト

それぞれの主張するところを簡単にご紹介しましょう。

『養生訓』

人生の幸せは後半にあり。

50歳以降を後半世としています。世は元禄。平均寿命が40代の頃ですが、著者が84歳（数え年）まで生きたことを思えば、実感として理解できるでしょう。

人生の三楽

道《みち》を行い善《ぜん》を楽しむ。

健康で気持ち良く楽しむ。

長生きして長く久しく楽しむ。

道とは生きる意味、善とは身についた徳とか品性と考えればよくわかります。

家業に励むのが養生の道。

士農工商それぞれが、ご先祖さまに感謝しながら家業に励むことによって世に尽くすことが養生の道であるといいます。

酒は天の美禄《びろく》なり。

少しのめば陽気《ようき》を助け、血気《けっき》をやわらげ、食気《しょくき》をめぐらし、愁《うれい》を去り、興《きょう》を発して甚《はなは》だ人に益《えき》あり。

愛着をもって飲めば酒も養生法ということです。

『夜船閑話』

「仙人還丹《せんにんげんたん》の秘訣」なる独自の呼吸法を説き、このような秘訣を一週間ないし三週間も続けるならば、それまでの五臓六腑の気の滞《とどこお》りや、心気の衰えのための諸症状が底を尽くようになくなるであろう。

もし、この言葉に嘘があったらこの老僧《わし》の首を斬って持っていくがよい。

というのですから、すごい迫力ではないでしょうか（147ページ参照）。

『言志四録』

学は一生の大事。

少《しょう》にして学《まな》べば、則《すなわ》ち壮《そう》にして為《な》すことあり。

壮にして学べば、則ち老いて衰えず。
老いて学べば、則ち死《し》して朽《く》ちず。
養生の秘訣は敬《けい》に帰す。
敬の一字は、固《も》と終身の工夫なり。養生の訣《けつ》も、亦一箇《こ》の敬に帰す。

養生の秘訣は己をつつしみ、相手を敬うことだという。以《もっ》て瞑《めい》すべしとはこのことです。

第2章

後半生の幸せを向上させるために
ナイスエイジングを実践中

老いを豊かに生きる三条件

いまでも敬愛してやまない、医療史がご専門の立川昭二《たつかわしょうじ》先生（北里大学名誉教授）が老いを豊かに生きるためには、

①生活費
②健康
③生きがい

この三条件が揃わなければいけません、というのを聞いたのはいつのことであったでしょうか。甚《いた》く感心したものでした。

特に生活費を最初にもってきたのがいいですね。

身につまされるとはこのことです。というのは、私は死ぬその日まで晩酌を

楽しみたいと思っているのですが、そのためにはその日の酒代がなくてはどうにもなりません。ある程度、貯えのある人ならどうということもないでしょうが、まるで貯えらしいもののない私としては切実な問題です。

毎日晩酌を楽しむためには、そのぶん、日銭を稼がなければなりません。何をして日銭を稼ぐのかというと、私のできることは、医者の仕事か、あとは講演ぐらいでしょうか。どちらにしても体調を崩してしまっては駄目ですね。脳梗塞になって喋れなくなったり、片腕、片脚が利かなくなったりしては駄目ですし、がんにかかって十分に食べられなくなったり、認知症になって、まともな話ができなくなったのではどうにもなりません。

ですから、日銭の次に健康をもってきたのもいいですね。さらに酒を美味しく飲むためには、生きがいというか、生きている喜びというものがあったほうがいいですよね。

そこで、生活費をトップにもってきて、次に健康、生きがい、と続くところが、なんとも言い得て妙に思えてきたのです。

7〜8年前くらいのことだったでしょうか。認知症に対する脅威が人々の間で、これまでになく高まってきたことがありました。

認知症は私にとってはまったくの専門外ですが、折に触れて、とつおいつ考えているうちに、認知症というのは病気というよりも老化現象ではないかと思いついたのです。そこで、今度は老化について、少し本を漁《あさ》ってみました。

そのなかで、**「個体の老化の原因を、きまった単独の器官、あるいはそれぞれの細胞に求めることは誤りであるといわざるを得ないのです」**（『老化とは何か』今堀和友《いまほりかずとも》／岩波新書）という表現に出会い、老化というのは人間まるごとの問題なのだと気づいたのです。

「ナイスエイジング」の誕生

ならば、治療は専門家にまかせることにして、予防についてはホリスティック医学として関与していってもよいのではないかと思うに至ったのです。そうして、またまた本を漁っているうちに、認知症の予防も、がんの予防と同じで、大事なのは心のときめきだということがわかり、さらに、認知症の場合は人と人とのコミュニケーションも大事であることがわかったのです。

そして、ご縁というものなのでしょう。認知症の予防をテーマに『週刊朝日』さんに連載をすることになりました。ちょうど1年間でした。その内容につきましては、『ボケないヒント』（祥伝社黄金文庫）をご参照ください。

そのなかで1回だけ、**「老化は大自然の摂理ですから、アンチエイジングなんて言ったって詮《せん》ないことで、それよりは老化を認めたうえで、楽しく抵抗し**

ていこうではありませんか」と提案して、これを**「ナイスエイジング」**と呼ぶことにしたのでした。

ナイスピッチングとかナイスバッティングのナイスですが、ただ「良い」というだけではなく、ある種の小気味好《よ》さがありますよね。

そして連載が終わるときになって、編集部から、もう1年続けてほしいという依頼が来ました。

「えっ！　何をやるのですか？」と聞いたところ、「ナイスエイジングのすすめ」でやってほしいと言います。

たった1回書いただけなのですから、これには驚きましたが、かれこれ現在まで3年以上も続いているのですから、ありがたいことです。

「ナイスエイジング」という言葉こそ使用していませんが、腎臓がんのために

46歳で幽明界《ゆうめいさかい》を異《こと》にした哲学者の池田晶子《いけだあきこ》さんも同じことを言っていますので、ご紹介しておきましょう。

ソクラテスは言いました。「人生の目的は魂の世話をすることである」。この世の時空においては絶対的な、老化と、そして死という現象をそれとして認め、受け容れることで、魂はその成熟と風味とを増します。そして、老化と死とを受け容れるからこそ、人は、さらなるその向こう側を見透《みとお》せるようにもなるわけです。アンチエイジングなどにうつつを抜かしているのは、もったいないことだとは思いませんか。
(『死とは何か』毎日新聞社)

そうして、毎週、ナイスエイジングの原稿に追われているうちに、私のなかでナイスエイジングのイメージが少しずつ固まってきました。いまでは、池田晶子さんの文章に導かれて、次のように定義しています。

老化と死とをそれとして認め、受け容れたうえで、楽しく抵抗しながら、自分なりの養生を果たしていき、生と死の統合を目指す。

ここで、ナイスの意味を確認しておきましょう。『広辞苑』からです。

ナイス【nice】好ましいさま。みごとなさま。「―キャッチ」
ナイス・ミドル（和製語。nice middle）魅力的な中年男性。

ナイスミドルを経て、小気味好く年を取るなんていいではないですか。幸せな後半生の生き方。ここに在《あ》りです。

第3章

老化をそれとして認め、楽しく抵抗する

老境についての考え方

まずは老化の定義から始めましょう。『広辞苑』からの引用です。

【老化】年をとるにつれて生理機能がおとろえること。

【老化現象】老化によって体に起こるさまざまな変化。基礎代謝・循環・呼吸・腎・神経・免疫などの機能が低下し、疾患にかかりやすくなる。

そして、古《いにしえ》の賢《さか》しき人は老境について、どのように思っていたことでしょうか。

まずは孔子の『論語』から。

われ十有五にして学に志す

三十にして立つ。
四十にして惑《まど》わず。
五十にして天命を知る。
六十にして耳順《したが》う。
七十にして心の欲する所に従いて矩《のり》を踰《こ》えず。

耳順《じじゅん》とは、『広辞苑』によれば、

修養ますます進み、聞く所、理にかなえば何らの障害なく理解しうる意。

ということです。

そして、この言葉は昔から人口に膾炙《かいしゃ》されたものですが、臨床心理学者の河《か》合隼雄《わいはやお》さんは、その著『「老いる」とはどういうことか』（講談社＋α文庫）の

なかで、

この孔子の言葉は、老いることを衰退とせず、一種の完成として述べているところに大きい意義がある。

と述べたあと、

十五歳より四十歳までは、いわゆる自立の方向へとまっすぐに進んでくる感じだったのが、五十歳で「天命を知る」となって、方向がぐっと変化する。ここのところが味のあるところで、四十歳までの方向のみで見ていると、かつての西洋の心理学のように、ここからは「発達」はない、ということになる。五十歳の方向転換を経てこそ、七十歳になっての完成感が生じてくるものと思われる。

と解説し、

「七十にして心の欲する所に従いて矩《のり》を踰《こ》えず」という孔子の言葉は、老いをひとつの完成とみるものとして素晴らしい。

と結んでいます。

次いで、インドのヒンドゥー教のライフサイクルです。これも河合隼雄さんの同書から引用しましょう。

ヒンドゥー教において、人生の理想的な過ごし方と考えられている「四住《しじゅう》期《き》」という考え方がある。

これは人間の一生を、学生期《がくしょうき》、家住期《かじゅうき》、林住期《りんじゅうき》、遁世期《とんせいき》の四段階に分けて考えるのである。

学生期には師に絶対的に服従し、ひたすら学び、厳格な禁欲を守らねばならない。

このような学びの期間が過ぎると、次は家住期で、親の選択した異性と結婚し、職業について生計を営《いとな》まねばならない。そして、子どもを育てるのが重要で、このことによって子孫を確保し、祖先に対する祭りが絶えないように心がけねばならない。

この時期は世俗的なことが大切で、現代人であれば、これで人生が終わりとさえ言えるが、ヒンドゥー教の場合は、これに後半の二つの段階が加わる。

第三の林住期は、これまでに得た財産や家族をすて、社会的義務からも解放され、人里離れたところで暮らす。

このような過程を経て、最後の遁世期は、この世への一切の執着《しゅうちゃく》をすて去って、乞食となって巡礼《じゅんれい》して歩き、永遠の自己との同一化に生きようとする。

少し長くなりましたが、よくわかります。しかし一生、晩酌を友にして生きようとしている私にとって、乞食の生活は少し荷が重い。もう少し年を重ねると、こんな心境になれるのかもしれませんが。

そして、もう一冊が古代ローマの哲学者・政治家キケロー（紀元前106～43）の著作である、『老年について』（中務哲郎《なかつかさてつお》訳／岩波文庫）です。この書では老年が惨《みじ》めなものと思われる理由を四つ挙げ、これに一つひとつ反駁《はんばく》を加えています。その理由とは、

①老年は公《おおやけ》の活動から遠ざけるから。
②老年は肉体を弱くするから。
③老年はほとんど全ての快楽を奪い去るから。
④老年は死から遠く離れていないから。

の四つです。そしてそれぞれへの反駁とは、

①老年は確かに若者のするようなことはしていない。しかし、はるかに大きくて重要なことをしているのだ。肉体の力とか速さ、機敏さではなく、思慮・権威・見識で大事業はなしとげられる。老年はそれらを奪い取られないばかりか、いっそう増進するものなのである。

②体力ということについても、今、青年の体力が欲しいなどと思わないのは、ちょうど、若い時に牛や象の力が欲しいと思わなかったのと同じだ。在るものを使う、そして何をするにも体力に応じて行うのがよいのだ。

人生の行程は定まっている。自然の道は一本で、しかも折り返しがない。そして人生の各部分にはそれぞれの時にふさわしい性質が与えられている。少年のひ弱さ、若者の覇気《はき》・早《はや》安定期にある者の重厚さ、老年期の円熟、いず

れもその時に取り入れなければならない自然の恵みのようなものを持っているのだ。

③そして老年に対する三番目の非難、老年には快楽がないとするのは俗説だと言う。なぜかというと、自然が人間に与える病毒《びょうどく》で肉体の快楽以上に致命的なものはない。

そして、理性と知恵で快楽を斥《しりぞ》けることができぬ以上、してはならぬことが好きにならぬようにしてくれる老年というものに大いに感謝しなければならぬ。それは、快楽をそれほど欲しがらないというのは、老年への非難でないばかりか、最高の褒《ほ》め言葉であるからだ。

たとえば、老年は破目《はめ》をはずした宴会には縁がなくとも、節度ある酒席を楽しむことはできるのだ。

ただ年が進むにつれて、万事が日に日に穏やかになっていくのだ。わしはまたこういった饗宴の喜びを計るに際しては、肉体的な快楽より友との交わりや会話を基準とした。実際わしは、会話の楽しみがあればこそ長丁場の饗宴でも楽しむのだ。

と。そして、また老年になると色事から遠ざかるという非難に対しては、

劇場の最前列で見る者は舞台をよりよく楽しむが、最後列の者だって楽しむ。同様に、青年期は快楽を間近に見つめるのでおそらく喜びも大きいが、老年だってそれを遠くに眺めつつ、十分なだけ楽しむのだ。

としています。セックスよりもハグということでしょうか。よくわかります。

そして第四の死の接近については、

④死は確かに老年から遠く離れたものではあり得ない。しかし、魂が永遠にあり続ける所へと導いてくれるものならば、待ち望みさえすべきだ。青年が望むところを老人は既に達成しているのだから、それだけ老人の方が良い状況にある。あちらは長く生きたいと欲するが、こちらは既に長く生きたのである。

と。うん、これもまたよくわかります。かくしてキケローの反駁はすべて説得力があります。

さあ、ここで老化をそれとして認め、受け入れることができたと思います。そのうえで楽しく抵抗するとなると、その方法は人それぞれでしょう。では、私自身の場合をご紹介しましょう。

老化に楽しく抵抗する方法

①日常生活のなかで、小まめに動く

とにかくできるだけ気楽に動く。たとえば、事務所には私の担当のSさんがいて、私の雑用を一手に引き受けてくれることになっています。

その一つに郵便物があります。手紙やら雑誌やらが私の手元に届くのは午前11時30分頃です。昼休みにその返事を書いたり、雑誌の気になったページをコピーしたりする必要が生じると、従来ですと、私の部屋の入り口にある郵便受けにそれを入れて、Sさんに「いつもの場所に葉書が入っていますので、よろしく」と電話をしていました。

ところが最近では自分で2階の私の部屋から1階にある事務所のSさんのところまで歩いて葉書を届けるのが常となりました。

階段の昇降も含めて、かなりの距離を歩くことになります。

②好きなものを食べる。悪食《あくじき》もまた好《よ》し

病院を開設するに当たって、がんの患者さんに対する病院給食についてあれこれ考えました。その結果、北京市がんセンターで知り合った李岩先生の指導で漢方粥から始めることになったのです。

漢方粥といっても漢方薬そのものが入っているわけではありません。漢方薬的働きを持っている食物が入っているのです。たとえば枸杞《くこ》の実、大豆、緑豆《りょくとう》、小豆《あずき》、木耳《きくらげ》などです。漢方薬的働きを期待する以上、その患者の証《しょう》に応じたものを出すべきなのです。たとえば虚証《きょしょう》の人には枸杞子《くこし》、実証の人には緑豆というようにです。

しかし、毎食の病院給食で、それほど煩雑な手続きをするわけにはいきません。そこで李岩先生の処方のなかから日本的なものを10種類ほど選んで、それ

を日替わりで出すことにしました。これは患者さんの間で人気を博しました。枸杞子の赤や緑豆の緑が目に鮮やかなうえに、ちょっぴり利いた塩気が、えも言われぬ美味しさを醸し出しているのです。

少し遅れて、玄米菜食も参加しました。私自身は玄米菜食の経験はまったくなかったのですが、がんの患者さんの間に玄米菜食に対する信仰のようなものが存在していることに気づいたからです。

そうして、朝食は漢方粥、昼と夕は玄米菜食という布陣で何年か過ぎた頃に、**「万人向きの食養生というものはないのではないだろうか。あくまでも、その人にとっての食養生なのではないか」**という考えが頭をもたげてきたのです。

そこで病院給食はこれまで通りとして、戦略会議のときに、「食養生は一人ひとり異なるのだから、食養生としての自分の理念を築いてくれ」と提唱して、その一助として畏友、幕内秀夫《まくうちひでお》さんに個人指導をお願いしたのでした。

ということで、私自身の食養生の理念としては、貝原益軒の『養生訓』における食養生の基本概念である、

好《す》けるものを少し食べよ。
なぜかといえば、好けるものは脾胃《ひい》の好む所なれば補《ほ》となる。
李笠翁《りりゅうおう》も本姓甚《はなは》だ好けるものは薬にあつべしといへり。尤此理《もっともこのり》あり。

を採用することにしました。

そうはいっても、簡単には徹底できませんでした。たとえば、外食時の会席料理や中華料理のコースとなると好きでもないものが当然入ってきます。だからといって、残してしまっては作ってくれた方に悪いし、また同席して料理を楽しんでいる人にも失礼に当たると考えて、無理して食べてしまっていたのです。

しかし、いつの頃からか徹底してきました。いまでは好きでないものは堂々と残していますす。たとえば、生野菜と果物は大嫌いですから決して手を出しません。ただ、白菜の浅漬け、味噌漬け、千枚漬けなどの漬物は大好きですし、新じゃがの煮物、さつま芋の天ぷら、南瓜の煮物も大好きですから、決して野菜嫌いというわけではないのです。

また、87歳ともなると、世に言う悪食などもまったく意に介せずに食べているから不思議です。まさに「人生の幸せは後半にあり」です。

③酒は天の美禄《びろく》なり

前述しましたが、貝原益軒の『養生訓』に、

酒は天の美禄なり。少しのめば陽気《ようき》を助け、血気《けっき》をやわらげ、食気《しょくき》をめぐらし、愁《うれい》を去り、興《きょう》を発して甚《はなは》だ人に益《えき》あり。

とあります。何たる名文。しかもこれだけ酒に愛着を示した養生書もめったにないでしょう。

私の酒好きは遺伝的なものです。まだ幼い頃、川越市の郊外に住む祖父が何十分かかけて徒歩で訪ねて来て、父と二人で楽しそうに杯を酌み交わしている姿が目に焼きついています。二人ともじつに静かな酒飲みでした。その血筋を引いて、私もどちらかといえば静かな酒飲みです。

学生時代と若い外科医だった頃は仲間と楽しく飲んで、よく飲み過ぎで二日酔いに悩まされたものでした。しかし、39歳から46歳までの都立駒込病院における7年間、二日酔いの記憶はほとんどありません。

外科の医師仲間や看護師さんたちと病院近くの居酒屋さんでよく飲みましたが、いつもおだやかに楽しく飲んでいました。また、学生時代から馴染みのバー「フローラ」にも程よく顔を出して、大好きなママさんと話を交わしながら、カティサークやジャックダニエルを静かに味わったものでした。

46歳で病院を開業してからは、なんと二日酔いは中国は内モンゴル自治区のホロンバイル大草原を訪れた際の1回だけです。酒に関しては40代にして、すでに論語の70代の**「心の欲する所に従いて矩《のり》を踰《こ》えず」**の域に達していたのですから、われながら大したものだと思います。酒はいまでも本当に大好きです。休肝日はありません。わが生涯の生きがいと言ってもよいでしょう。

がん治療の現場に身を置いて62年目に入りました。

がん患者さんの死の不安を和らげるために試行錯誤をするなかで、青木新門《あおきしんもん》さんの『納棺夫日記《のうかんふにっき》』(文春文庫)に書かれていた、

死の不安におののく末期患者に安心を与えることができるのは、その患者より死に近いところに立たない限り、役に立たないということになる。

という文章に巡り合ったのでした。

そこで70代に入ったのを期に、

「今日が最後の日」

と思って生きることにしたのです。

「今日が最後の日」となると、毎夕の晩酌がキリストの最後の晩餐になります。まずビールのコップを一気に飲み干すと背筋がピンと伸びます。次いでロックグラスに琥珀《こはく》色の液体が音を立てて入っていくと、下腹部に**「よし！　あと5時間半、しっかり生きよう」**という覚悟が生まれます。

そして飲むほどに酔うほどにこの覚悟が大きな喜びに変わってくるのです。大いなる食養生ではありませんか。かくして私にとっても**「酒は天の美禄なり」**なのです。

④喫煙もまた養生のうち

喫煙は食道がんや肺がんなど多くの臓器のがんの原因になることがわかっていて、悪者扱いされる傾向にありますが、状況によっては立派な養生法としての役割を果たしている面もあります。

こんなシーンがありました。私の外来診察室。胃がんの手術後2年経過した患者さんです。診察を終え、処方箋を書いて、「お大事に」と言って患者さんを送り出そうとした矢先、そばに付き添っていた奥さんが、

「先生！　この人、まだ煙草を吸っているのですよ……先生から厳しく言ってください」

「えっ！　そうなんですか」

ご本人に向かって聞きました。

「1日に何本くらいお吸いになるのですか」

「1日に3本です」

「えっ！　たったの3本ですか？　3本では養生法ではないですか。だって朝起床して、3本の煙草をいつ吸うか考えるだけでも楽しいではないですか。1本1本、さぞかし愛着をもって吸っていることでしょう。いいですよ、お吸いになってくださいよぉ」

と言いました。患者さんはにっこり。奥さんは渋い顔……。

⑤脳梗塞《のうこうそく》を防ぐためのサプリメント

「はじめに」でも少し触れましたが、作家の五木寛之さんと酒を酌み交わしていると、話の途中で彼が急に思い出したように言うのです。

「おい！　そうだ、免疫学の泰斗《たいと》、多田富雄《ただとみお》先生が脳梗塞で倒れたぞ！」と。

多田先生には『免疫の意味論』などの多くの著書を通じて一目も二目も置いていただけに驚きました。その後メディアの報道によって、右半身麻痺とともに延髄球麻痺《えんずいきゅうまひ》を合併していたので飲み込めない、喋れないというのですから大変です。

大好きな日本酒もそのままでは飲み込めないので、シャーベットに混ぜて舐《な》めているというのですから、身につまされます。私自身も酒が飲めなくなったら大打撃です。急に脳梗塞が空恐《そらおそ》ろしくなったものでした。


なんとかいまから防いでいかなくてはならない。何をしたらよいだろう。そうだ！　血液をサラサラにするサプリメントを飲んでみよう。

よく製薬会社の方が訪れてきて、「これは○○用のサプリメントです」と言ってサンプルを置いていきます。しかし私自身は気功のほうが主で、サプリメントにはあまり興味を持っていなかったので、部屋のあちこちにサプリメントが置いてあることが多かったのです。

そこで思い立ったが吉日とばかりに部屋のなかを探してみました。やはり、ありました。大和薬品《だいわやくひん》さんの「エヌケイシーピー」という血液をサラサラにするナットウキナーゼを成分とするサプリメントがちょうど1カ月分出てきました。1日1回朝2錠。さっそく服用を始めました。

もともと何の症状もなかったのですから、その効果のほどはわかりません。しかしせっかく始めたので、1年くらいは続けてみようと思い大和薬品さんに電話しました。

「エヌケイシーピーを3カ月分ほど送っていただけませんか。……請求書をつけてね！」

すると「何を言うのですか。先生から代金はいただけません」と来たものです。ありがたく頂戴することにしました。

もちろん効果についてはなんともいえないものの2年ほど経過したところで、月刊誌の『家庭画報』さんが、「帯津先生はなぜこんなに元気なのか」というタイトルで1年間の連載を提案してきました。そして、初回の1月号で私の全身をできるだけ詳細に調べて、その結果を公表したいと言います。

当然のことながら頭部のCTも撮られました。その直後、脳外科の先生からの電話です。

「頭部のCTを拝見しました。先生くらいの年齢になると、ラクナ梗塞《こうそく》といって、知らずにかかった小さな脳梗塞の跡が三つか四つくらい認められるものなのですが、先生は一つもないのですよ。先生、脳梗塞を防ぐ方法を何か講じていますか？」

と尋ねられました。そこで、エヌケイシーピーのことを話すと、

「それかなあ……」

ということで終わりました。

その後、頭部のCTを撮るチャンスがないのでわかりませんが、自分では頭部は健康そのものだと考えています。サプリメントありがたしといったところです。

⑥下半身の衰えを防ぐために牛肉と昆布の出し汁。そして太極拳

ナイスエイジングを果たしていくためには健全な下半身が不可欠です。まずは日頃、良質のタンパク質を摂取して、筋肉を衰えさせないことが必要です。良質のタンパク質といえば、なんといっても牛肉です。

『健康・栄養食品事典』（林輝明、吉川雅之：監修／東洋医学舎）によれば、

牛肉はタンパク質と脂質《ししつ》の供給源である。牛肉のタンパク質には9種類の必須アミノ酸が含まれており、植物性タンパク質に比べてアミノ酸バランスがよく、体内へも吸収されやすい。

脂質はIg当たり約9kcalなので効率よくエネルギーを摂取できる。しかし飽和脂肪酸を多く含むために、日常的に摂取過剰となると血液中のコレステロールや中性脂肪を増やし、動脈硬化の原因となる。

また、牛肉は豚肉や鶏肉に比べて鉄分が多く、それもへム鉄として含まれて

いるため体内へ吸収されやすい。亜鉛もカキ（牡蠣）などに比べると少ないとはいえ、肉類ではトップクラスの含有量である。

ということです。

2012年に米国の対がん協会が、がんの予防法として、**「牛肉と豚肉を食べるな」**ということを筆頭に挙げました。

その一方で数年前、東京都健康長寿医療センターが健康長寿に寄与する食品として牛肉と豚肉とを筆頭に掲げました。どちらを取るか一見、迷いますが、がんがあっても健康長寿を達成できることを考えますと、後者を採りたくなろうというものです。

豚肉が出ましたので、ついでに同書から引用しますと、豚肉はタンパク質と脂質の供給源であり、肉類の中ではビタミンB群が多い。特にビタミンB_1は牛肉の約10倍もあり、豚肉が疲労回復によいといわれるのはそのためである。ビタミンB_1は炭水化物をエネルギーに変えるために必要な物質で、B_1が不足すると疲れやすくなる。豚レバーは日本人に不足気味といわれている鉄分とビタミンB_2を豊富に含んでいる。脂肪にはコレステロールを下げる働きのある不飽和脂肪酸のオレイン酸を多く含むが、飽和脂肪酸の含有量も高いので過剰摂取には注意したい。

ということでした。

私自身はもともと牛肉も豚肉も好きだったので、思い出すままに挙げてみましょう。

ビーフステーキ（beef steak）

都立駒込病院勤務時代には外科医の友人たちと、ときどき都内のビーフステーキ専門店を訪れたものです。じつに楽しく、一度に200グラム、場合によっては300グラムいただくこともあったように記憶しています。

牛肉といえば、養生塾で長野県は飯綱高原《いいづなこうげん》にあるホリスティックのスペース「水輪《すいりん》」を訪れるようになってからの話をしましょう。私が50歳を過ぎてからのことです。

養生塾は平均3泊4日、食事は主食として酵素玄米《こうそげんまい》。野菜と魚貝類が少し、肉類は出ません。私も塾生さんと同じものを食べることにやぶさかではありませんが、ただ納豆やとろろ汁のときは白米にしてほしいとお願いしたものでした。ところが納豆やとろろ汁は始終登場します。必然的に私の主食は毎食白米ということで収まってしまったのです。

夕食も原則として同じスタイルですが、私がビーフステーキ好きだということで、私だけ別室での夕食です。水輪さんのオーナーの研一《けんいち》さんが大の料理通で、私一人のために上等のステーキを焼いてくれるのです。厚さは3センチほどあります。非常に美味しいのです。十分に堪能したものでした。

そのうえ、お刺し身や山かけや、すき焼きまでも登場します。仕上げはラーメンと来れば何をか言わんやです。もちろんビールを手始めに高級ウイスキーがたっぷりとあります。なんとも幸せな夕食です。

このことをあちらこちらで喋ったり書いたりするものですから、ときどき「帯津先生のステーキをください」というお客さんが現れるようになったそうです。ところが、年齢とは争えないもので、分厚いステーキが苦手になってきたのです。次第に厚さが減ってきて、最近は1センチくらいのものが普通になってきました。

すき焼きと八光鍋

すき焼きも好きですが、郷愁をもって思い出すのは、八光流柔術の会合で必ず登場する八光鍋《はっこうなべ》です。唐辛子の出し汁をベースにした辛いすき焼きです。八光流とのお付き合いも全国師範会長を務めたくらいですから長く深いもので、ずいぶんと長い間、事あるごとに舌鼓《したつづみ》を打ったものでした。

わが病院でも初代総師長の山田幸子さんが料理が上手で、よく八光鍋を作ってくれて、病院のメニューの定番のようになったものでした。

カツ丼

三番手はカツ丼でしょうか。カツ丼といえば、JR日暮里駅の谷中口《やなかぐち》の近くにある「川むら」さんですね。調和道協会の本部がすぐ近くにあった関係で、よく顔を出したものでした。生ビールを1杯、そのあとは蕎麦焼酎の蕎麦湯割りを2~3杯といったところでしょうか。おつまみは、お刺し身と何かもう1

品くらいに留めて、最後はカツ丼で締めるというのが常でした。

このカツ丼がじつに美味いのです。ここでも「帯津先生のカツ丼をください」と注文するお客さんが少なからずいらっしゃったと聞いています。

お店には美人で勝気なお姐《ねえ》さんがいらして、お店に通い始めた後半の頃には必ずハグをしたものです。ハグを解《と》こうとして「まだ、早い！」とよく叱られたものです。このお姐さんが引退してから、なんだか足が遠のいてしまいました。しかし、このとき覚えた生ビールにカツ丼の組み合わせは、いまもなお生きています。

昆布の出し汁

そして、良質のタンパク質を摂取し、筋肉を衰えさせないことの次は、骨の脆弱化を防ぐことです。それにはなんといってもカルシウムを十分に摂ることです。そのカルシウムの吸収が非常に優れているのが昆布だという話を聞いて、驚きました。約50年間にわたって私の晩酌の友のトップは湯豆腐だからです。湯豆腐の出し汁は昆布ではないですか。何も知らずに、50年間にもわたって体に良いことをしていたのですから、自分でもあきれてしまいます。

と同時にはっと思い出しました。それはスピリチュアル・ヒーリングの第1回研修（191ページ参照）のためにロンドンを訪れたときのことです。ヒーリングの講師陣のある女性が、私に向かって、「あなたの歩き方はじつに良いですね、姿勢も動きも。なぜなの？」と讃嘆の声を上げ、眼差しを向けたのです。

27年も経て突然その理由がわかったのでした。

ここで、また前出の『健康・栄養食品事典』から、こんぶ（昆布）について引用しましょう。

こんぶ【昆布】

カルシウム、カリウム、ヨウ素が豊富な長寿食品

コンブは褐藻《かっそう》類のコンブ科に属する海藻の総称で、狭義にはマコンブを指す。日本で採れるコンブはマコンブ、リシリコンブ、ミツイシコンブ、ナガコンブ、ホソメコンブ、ネコアシコンブなど30種近くある。

コンブはアルカリ度が39・9と高く、いわゆるアルカリ性食品であるが、それはカルシウムの含有量が多く、リンが少ないためである。マコンブの素干し100g中のカルシウムは710mg、リンは200mgである。同じ海藻類のアマノリは、干し100g中カルシウム140mg、リン690mgでリンのほうが多く、酸度5・25のいわゆる酸性食品である。

カルシウムは吸収されにくいミネラルで、効率よく利用するにはリンをバランスよく摂取する必要があり、その割合はカルシウム2に対してリン1がよいとされている。コンブはカルシウムそのものの含有量が多い上に、リンと

のバランスがよいため、カルシウム補給食品としては理想的である。

コンブのミネラルでもうひとつ注目されるのはヨウ素である。素干しコンブ100g中、ヨウ素は100〜300mg含まれており、乾燥ワカメ（7〜24mg）やヒジキ（20〜60mg）をはるかに上回っている。ヨウ素は甲状腺ホルモンの成分として新陳代謝の調整に深く関与している。

コンブはまたカリウムの含有量も多く、（マコンブの素干し100g中で610mg）、海藻中ではトップである。古くから「コンブを食べると血圧が下がる」といわれているが、これはカリウムやコンブに多く含まれるラミニン（糖タンパク質）による作用と考えられている。

そのほか、愛媛大学医学部（奥田拓道ら）と住友金属工業との共同研究によれば、コンブのぬめり成分のアルギン酸は糖の吸収抑制と共にコレステロールの吸収抑制作用があり、それを高圧加熱処理し低分子化した可溶性アルギン酸も、高分子のアルギン酸と同様の働きのあることが明らかにされている。

こんな優れた食品を知らぬとはいえ、50年以上にもわたって摂っていたのだから、ありがたいことではあります。

このことをいつも湯豆腐を作ってくれる元栄養科の科長さんに話したところ、「では、昆布の出し汁を余計に作りますから、ウイスキーのチェイサーとして飲んでください」と来たものです。これは当たりました。美味いうえに、肝機能や腎機能の検査数値が明らかに好転してきたのです。

楊名時太極拳

そして、骨の脆弱化の防止に磨きをかけたのが楊名時太極拳でした。太極拳と私との出会いを作ってくれたのは家内の稚子《わかこ》でした。更年期かどうか、いまでは定かではありませんが、家内が不定愁訴に悩まされていたのです。当初は当時、私自身が夢中でやっていた八光流柔術の世界に誘い込むことを考えたのですが、家内は性格的にも体力的にも、どう考えても武術向きではないのです。

そこで私の一存で、家内には黙って都心で行われていた楊名時太極拳の会に入会を申し込んできてしまったのです。

これも長続きはしないのではないかと一抹《いちまつ》の不安を抱いていたのですが、然《さ》に非《あら》ず。至って熱心に取り組み、めきめき腕を上げていったのは意外でした。

そこで中西医結合によるがん治療を旗印に掲げた病院を開設したものの、閑古鳥が鳴いている気功道場を補強すべく、道場のメニューの一つとして、太極拳を中心とした健康法の会を家内に作らせたのでした。

これは当たりました。このクラスだけ、わが気功道場は殷賑《いんしん》を極めました。

一方、病院の消灯時刻は夜の9時。夜の9時に就寝となると、朝は早く目覚めます。目覚めてもすることがないので、入院患者さんたちは早朝から病院の内外を手持ち無沙汰に歩いています。

これではいけない。そうだ、入院患者さん用の太極拳クラスを作ろうと家内に相談してみましたが、「家庭の仕事があるから、朝は無理ですよ」と言います。咄嗟《とっさ》に閃いたのです。「では俺がやるから、太極拳を教えてくれ」と頼みました。私は学生時代に空手部に籍を置いていたこともあって、家内の動きを見て、それぞれの技の意味をある程度理解していました。

日曜日の午後、4時間の特訓を得て、その翌朝から患者さんに教えだしたのですから、われながら大したものです。しかし、付け焼き刃のリーダーで、患者さんたちには申し訳ないことをしました。

いずれにしても、私自身の太極拳も磨かなくてはなりませんので、家内のクラスにもできるだけ顔を出すようにしました。やがて家内は師範をいただいて、院内の道場で昇段審査を開始しました。

「お父さんも受けませんか」

と誘われて、人並みに昇段審査を受け、およそ10年ほど経って「準師範」をいただきました。

「私が差し上げられるのはここまでです。師範は楊名時先生からいただくのですよ」

と言われて、

「いや準師範で十分ですよ」

と答えて済ましていたところ、楊名時先生がときどき、「帯津先生はどうして師範を受けないのだろうか」とこぼしていることが、側近のお弟子さんを通して聞こえてくるのです。


そこで、楊名時先生にご心配をかけてはいけないと、重い腰を上げて受けることにした次第です。同期の桜には、太極拳の本をたくさん出版している海竜《かいりゅう》社《しゃ》の下村《しもむら》のぶ子さんがいましたし、楊名時先生の側近のお弟子さんも二、三人見えていました。楊名時先生のやさしい気持ちに感謝したものでした。晴れて師範をいただいたのは1993年10月10日のことでした。

しかし、わが道場には太極拳の指導者はたくさんおられたので、私が太極拳の指導に当たるということはありませんでした。私の担当は30年ほど前に私がアレンジした『新呼吸法「時空」』（詳しくは158ページ参照）でした。ちょうどコロナ禍が始まる前のわが道場は、12種類の気功が1週間に30教室開かれていました。

ところがコロナの病室への感染を恐れて、2020年の3月をもって道場を閉鎖することになりました。その代わりとして病院の近くの神社の社務所をお借りして、2週間に1回、養生塾が開かれています。また池袋の帯津三敬塾クリニックには病室がないので、週2回の気功教室は平常通り開かれています。

それでも私自身としてはいささか物足りないので、川越の病院にいるときは土曜日、日曜日を含めて、毎朝6時15分になると誰も居ない道場で太極拳を1回だけ舞うことにしたのです。良くても悪くても1回だけです。「一期一会」の太極拳ですが、週に4〜5回はおこなっていますから、意識しているわけではないのですが、下半身の強化に寄与しているのではないでしょうか。

この一期一会の太極拳のおかげで、太極拳がこれまで以上に好きになりました。好きになればなるほど、太極拳の好《よ》さが見えてきます。気功としておこなう以上、気功の三要である調身、調息、調心を備えていることは間違いありません。そのように武術としての利点が備わっているのです。

武術としての利点となるといろいろな見方があるとは思いますが、私は次の三点を挙げています。

① 套路《とうろ》

②原穴《げんけつ》の刺激

③分清虚実《ぶんせいきょじつ》

套路とは中国語で、あの止《とど》まることを知らない流れるような動きのことです（143ページ参照）。この動きが身心のダイナミズムを生み、大いなる喜びをもたらすのです。

そして原穴ですが、原とは、十二経の根本になる臍下腎間《せいかじんかん》の動気《どうき》のことで、この原気を高める経穴を原穴といい、手関節と足関節にそれぞれ六経穴ずつ配置されています。武術ですから手関節のスナップを利かせる動きが多く、そのために原穴が刺激されて原気の向上をもたらすというわけです。

そして三つ目の分清虚実は虚実をはっきりさせる。つまり体重の移動をはっきりさせることで、足関節の原穴を刺激するとともに下半身の強化につながるというものです。

第4章 死を受け入れる

生きるも死ぬもあるがまま――楊名時先生

楊名時先生と初めてお会いしたのは、当時まだ蔵前にあった国技館で開かれた中国武術の大会のときでした。時期としては川越の病院開設以前だったように思えます。すでに太極拳を習い始めていた家内に誘われてのことでした。会場でたまたま先生にお会いして、家内がお世話になっているお礼を申し上げたのですが、初対面なのに、なぜか初めてではないような懐かしさを感じたものです。それからまもなくして練馬区の太極拳の会で先生とご一緒した帰路に、西武線の車中に並んで座りいろいろとお話をして、一気に親しさが増したものでした。

その後、先生が昇段審査や講演のために地方に出張されるときはしばしばお声をかけていただき同行させていただきました。短い前座の講演くらいしかお役には立てなかったのですが、晩酌のお相手ということで先生のお力になれたことが大きかったと思います。

そうして、何回も旅を共にするなかで、一度、先生からご相談を受けたことがあります。

「いやぁ、終戦直後に、都心の病院で急性虫垂炎のために手術を受けたのですよ。当時はまだ抗生物質が十分に一般化されていない時代で、手術創が感染を起こしたためか、腹壁瘢痕《ふくへきはんこん》ヘルニアになってしまったのです。ちょっと見てください……」

たしかに右下腹部に腹壁瘢痕ヘルニアがあります。

「手術をしたほうがいいでしょうか？」と聞かれましたが、触診では全体に柔らかく、ヘルニア門も余裕があって嵌頓《かんとん》（腸などの内臓器官が組織のすき間から脱出し、そのまま増大して腫れ上がり、元に戻らなくなった状態）のリスクも小さいようですし、稽古着を着けると、ちょうど帯がかかって蓋をするような形になりますので、「いいでしょう。このままで……」とお答えしたものです。

ところが、ある年の12月のある夕方、池袋の馴染みの居酒屋さんで一人杯を傾けているところへ、病院からの電話が入りました。

「楊名時先生がヘルニアの嵌頓のために都心のS病院に入院されました。至急、担当の先生に電話をしてください」


すぐにその担当の先生に電話をしました。先生は「楊名時先生、ヘルニアの嵌頓でこれから手術をと思っているのですが、先生は手術なら川越の帯津先生の病院で受けたいと言います。しかし、これから川越まで行って手術となると少なくても2時間はかかるでしょう。嵌頓した状態での2時間は危険です。帯津先生からお話ししていただけるとありがたいのですが……」

「わかりました。いまからすぐ病院にうかがいます。そのことを楊名時先生にお伝えして、手術を進めてください」と言って、病院に駆けつけたのです。

手術をしたその日はあわただしく帰り、翌日、落ち着いて先生のお見舞いにうかがったのですが、病院の玄関ロビーに入って驚きました。場のエネルギーがじつに高いのです。

「楊名時先生、好い病院にお世話になったなあ」と喜びながら、先生の病室を訪れました。

先生の部屋は個室ですが、入り口はカーテンがかかっているだけです。そっと開けると、なんと先生はこちらをしっかり見つめていて、「おう、帯津先生！……足音でわかりましたよ……」と来たものです。

私は咄嗟に「はて？」と思いました。

私も武術家の端くれ。足音は決して立てない自信があったからです。しかし、すぐに思い直しました。先生は本物の武術家。足音というよりは私の気配で感じ取ったに違いないと。

「この病院で死にます」という重い言葉

ところがアクシデントが起こりました。嵌頓をして壊死《えし》に陥った腸管を切除して吻合《ふんごう》した部分に漏れが生じたのです。アクシデントといっても、これは決して珍しいことではないのです。

壊死に陥った箇所の上端と下端ですから血流には多少難があります。その難のある部分を吻合するのですから、吻合不全が起こる可能性はどうしても高くなります。だから、そうした事態を予測して、手術時に吻合部にドレーンと称するゴムやプラスチックのチューブを入れておくのです。漏れた腸管の内容物や炎症によって生じた膿汁《のうじゅう》を体外に誘導するためにです。

先生の場合、漏れる量が多くて、ドレーンだけでは対処しきれないと見て、吻合部の口側に人工肛門を設置したのです。術後1週間目のことです。見る見るうちにドレーンからの排出量が減り、吻合不全が完治したのを見定めて、先生は人工肛門をつけたまま退院しました。

それからというもの、先生は「人工肛門、何の其《そ》の」の勢いで、術前と同じように全国を飛び回っていました。そして、半年ほどして人工肛門を閉鎖する手術を行ったのですが、その予後がどうも良くありません。

下痢が頻発し、ときには下血も見られるという状態なのです。業を煮やしたのか、先生は入院を希望して私の病院にやって来ました。

その入院の日の先生のお言葉です。

「入院するに当たって、お願いが二つあります。一つは検査にしても治療にしても、今日やらないでも良いことは明日にしてください。どうもこれまで、何事も急ぎ過ぎたような気がするからです。それからもう一つは、私は死ぬとき

はこの病院でと思っていますから、もし今回死ぬようなことがあっても、気にしないでください……」

死んでもいいからと言って入院して来た人は楊名時先生が初めてです。

こうして先生の入院生活が始まりました。悠揚迫《ゆうようせま》らざる毎日です。下痢があっても少しも気にせず、にこにこしながらテレビを見ています。時には私と連れ立って市内の鰻屋さんで一献。先生は日本酒をほんの少し飲むだけですがじつに楽しそうです。思い出したようにときどき検査をしながら、先生のお腹のなかの様子が少しずつ明らかになってきました。

手術の適応と思いましたが、入院時の先生との約束があるので、そう簡単には言い出せないでいたところ、ある朝、病棟の看護師さんからの御注進です。

「今朝、ご清拭《せいしき》のときに、楊名時先生が〝そろそろ手術かなあ〟と独《ひと》り言《ごと》を言いました」

これはしめたとばかりに回診のとき、先生の腹部の触診をしながら、「そろそろ手術かなあ」と独り言を漏らすと、先生はすかさず、「わしもそう思うのじゃよ……」と大声を上げたものです。

手術は満を持《じ》していただけあって、大成功でした。術後2～3週間で晴れて退院です。術前に比べて術後の経過が非常に短いことがわかります。本当によかった。そして退院後1カ月くらいした頃に、先生からの電話です。

「……至って元気です。……一度、往診をしていただけませんか……」

先生のお宅は東中野駅から少しのところです。遠い距離ではありません。間髪《かんはつ》をいれず出かけて行きました。

先生の居間に請《しょう》じ入れられた途端、往診が口実であることがわかりました。広い部屋の中央に置かれたテーブルの上にはすでに酒席の用意がしてあるのです。二人とも笑顔で席につきました。まずは先生は日本酒、私は先生の故郷である山西省《さんせいしょう》の銘酒《めいしゅ》である汾酒《フェンチュウ》で、「これが本当の日中友好です」と言いながらの乾杯です。

それからというもの月に2〜3回のペースで二人の酒宴が続きます。いつも乾杯の前に二人して手帖を出して、次にお会いする日を定めてから宴が始まりますので、決して途絶えることがありません。

それにしても先生の酒席は素晴らしい。まず他人《ひと》の悪口は決して言わない。新聞やテレビを賑わせている事件についても一切言及しない。孔孟《こうもう》や老荘《ろうそう》の古典も登場しなければ、好きで好きでたまらないはずの太極拳についてもまったく語らない。

では何を話題にしているのか。あとになって思い出そうとしても何も残っていないのです。たわいない話しかしていないのに、雰囲気がじつに良いのです。あとになって気づいたのですが、先生はもうこの頃に生と死を統合していたのではないでしょうか。あれは、やはり生と死を統合した人に特有の楽しさだったのではないでしょうか。

そうした楽しい雰囲気のなかで、一瞬緊張が漲《みなぎ》ることがあります。

それは先生が、**「……私は生きるも死ぬもあるがままですからね。先生は私の主治医さんなのですから、よく覚えていてくださいね……」**と言われるときです。これは私にとって、多少のストレスをもたらすものでありました。何があっても医学的介入はしないでほしいと言うのですから。

先生が何らかの病を得ても、医学的介入をしないまま悪化していけば、ご家族や多くのお弟子さんたちは私を怨《うら》むに違いありません。もしそうなれば私としては内心忸怩《じくじ》たるものがあるというものです。

もう一つが、**「私は死ぬときは先生の病院ですからね。頼みますよ」**という言葉でした。これも私にとってはストレスです。私はいつも病院に居るわけではありませんし、医師、看護師、コ・メディカル、ソーシャルワーカーなどにしても、十分に信頼できる人たちですが、私ほど楊名時先生のことに通じているわけではありません。そこになんとなく一抹《いちまつ》の不安を感じたものです。

この二つの言葉がときどき、思い出したように先生のお口から発せられるのです。その都度、こちらは身を正すのですが、2001年5月に刊行された先生の『太極 この道を行く』（海竜社）のなかで次の文章に行き当たったのです。少し長くなりますが、大事な文章ですので引用させていただきます。

帯津良一先生は私の主治医であり、飲み友だち、食べ友だちであり、太極拳の仲間でもあります。そして帯津三敬病院は私が自らの死に場所と決めた病院です。私はこの病院で帯津先生に看取《みと》られながら死んでいきたいと思っています。

悲しい話をしているわけでも、自暴自棄になっているわけでもありません。

気負いも衒《てら》いもなく、ただ淡々とした気持ちで素直にそういえるのです。死生観というと大げさになりますが、人間誰しも一度はあちらへ逝《い》くと私は思っています。早く逝くか、遅く逝くかの違いはありますが、それは自分で決められるものではありません。中国のいい方に従えば天命ということになります。今日私が生きていられるのは天命がさせているのであり、明日私が死ぬのも天命です。

ただ、この瞬間、生きていられることに感謝し、それを心から喜ぶだけです。与えられた人生を楽しく、一生懸命に今日を生き切るしかありません。やれるだけのことはする、あとは……という気持ちです。そのときがきたら私は帯津三敬病院に赴き、帯津良一先生のもとで逝くのが願いです。

生と死を統合した見事な旅立ち

先生はこのお言葉の通り、4年後の2005年に、病を得て私の病院に入院してきました。それなりの苦痛があるはずなのに、先生は愚痴一つこぼさず、にこにこしています。私としても先生の日頃のお言葉通り、医学的介入はいたしません。

ところが、これこそ天命というものなのでしょう。このうえない大きな介入の機会が訪れてきました。同門の胸部外科医、雨宮隆太《あめみやりゅうた》先生からのご連絡で、楊名時先生のご病気の世界的権威の先生が茨城がんセンター病院におられることがわかったのです。

恐る恐る、そのことを楊名時先生に話し、一度診ていただこうではありませんかと進言しました。先生は、いとも簡単に、「よろしいよ！」とすぐに外出の支度を始めました。

そして、あちらの病院に入院。二度ほど初代総師長の山田幸子さんの車でお見舞いに行ったあと、ちょうど入院2週間目に先生からの電話です。

「手術を勧められたけれど、私は希望しませんから、帯津三敬病院に帰ることにしました」

わが病院に到着し、いつもの病室のベッドに横になった途端、「もう、僕は何処《どこ》にも行かないよお！」と大声で叫んだものです。それからまた2週間ほどして、私が愛知万博での講演のために都心のホテルに前泊した翌朝、山田幸子さんからの電話です。

「楊名時先生、今日だと思います」

すぐに名古屋での講演をキャンセルして病院に帰りました。

病院に着いたら、先生は目をつぶって下顎《かがく》で呼吸しています。

「先生！」と声をかけると、「おおっ！」と目を開けて、右手が前に、いつものような力強い握手《あくしゅ》です。次いで左手も握手しているところへ、急を聞いてお孫さんたちが駆けつけてきましたので、私との握手をほどいて、今度はお孫さん一人ひとりと握手して一言。それが済むや否や心停止。

いやあ、見事な旅立ちでした。

先生は生と死を統合したなあ！

とそのとき、感動しましたし、私の目の前で生と死を統合した人の第一号が楊名時先生だったわけですが、しかし、あとから考えると、前述しましたように、二人で杯を酌み交わしていたときに、先生は生と死をすでに統合していたのではないでしょうか。

だからこそ、あれだけ酒席の雰囲気が良かったのです。そこで、もう一つ思い出しました。『太極拳のゆとり』（新星出版社）に載った、先生の二つの文章

です。すなわち、
日々、太極拳を行うことによって、何かさわやかな、幸せな日が送れるような気がするのである。
鑑真和上には、お会いしたこともなければ、今後も直接にはお目にかかれない。しかし、和上の心を大事にし、不屈の闘志を学びながら、太極拳というすばらしいものを信じて、皆さんと一緒に歩んでいきたい、と思う。

この二つです。太極拳が好きで好きでたまらないという感じではありませんが、好きでたまらないものといえば、その人にとっては「道」ではないでしょうか。道といえば『養生訓』の人生の三楽、すなわち、道《みち》を行い善《ぜん》を楽しむ。
健康で気持ち良く楽しむ。
長生きして長く久しく楽しむ。

の三楽です。

道とは生きる意味、あるいは生きがいのようなもの、善とは道を行うことによって身についた徳とか品性のようなものです。楊名時先生にとって、太極拳はまさに道だったのではないでしょうか。そして、身についた徳が大きくなるにつれ、生と死の統合に至ったのでしょう。

楊名時先生と過ごした膨大な時間が、私にとってはまさに掌中の珠《たま》です。そして楊名時先生と同時代を生きたということが私の最大の喜びです。

まるで仏様のような顔に――手塚治虫さん

漫画家で元は医師の手塚治虫さんの『ぼくのマンガ人生』（岩波新書）という著書のなかに**「生命の尊厳」がぼくのテーマ**という一章があり、そのなかの**「患者さんの死」**という項目からの引用です。

いよいよ「ご臨終です」と教授が言ったとき、その患者さんの顔がふっと変わったのです。まるで仏様のような顔になった。それまでしかめっ面して、頬がやせこけてほんとうに見るのも哀れな容貌だったのが、一瞬ひじょうに神秘的な美しい顔になったのです。そして亡くなられたのです。

そして、

死ぬときにこんなにほっとしたような顔をなさる。もしかしたら死というものは、われわれが頭の中で考えている苦しみを超越したものではないだろうか。何か大きな生命力みたいなものがあって、人間という肉体に宿っているのは、そのうちのごく一部の、一時の期間にすぎない。

と。そのうえで、

そこで、ぼくは前にも増して生命の神秘というものを直接に感じました。そしてそれから特に生命力というものに関するマンガを描くようになったのです。

と結んでいます。あれほどの芸術家が「神秘的な美しい顔」というのですから、これは本物です。

手塚治虫さんの『火の鳥』や『ブラック・ジャック』という作品が思い浮かんできますね。

そしてすでに医学生時代に死に逝く人の表情の変化に気づき、死を洞察し、生命の尊厳に思いを遣《や》るという芸術家としての資質に目を見張るばかりというものです。

そして、この文章を最初に読んだのがいつのことであったか定かではないのですが、私なりに死後の世界を確信したあとに読んで、どれだけ勇気づけられたかわかりません。

例外なく素晴らしい顔に——帯津良一

1987年に日本ホリスティック医学協会が発足して、臨床の場でも、すぐにでもホリスティック医学を実践したかったのですが、まだ私たちは、その方法論というものを持ち合わせていなかったことは前述した通りです。そこで、

①体に働きかける治しの方法。主として西洋医学
②心に働きかける方法。各種心理療法の助けを借りながら、患者さんと治療者が心を一つにする
③命に働きかける癒やしの方法。主として各種代替療法《だいたいりょうほう》と養生法《ようじょうほう》

のなかから、その患者さんにふさわしい戦術をいくつか選び出して、それらを統合して、個性的な戦略に組み立てることを考えました。

そのためには患者さんと私が膝を交えて、じっくりと話し合う必要があります。これを「戦略会議」と称して、毎朝8時15分くらいになると患者さんの病室を訪れて、ざっくばらんに話し合ったものです。時間にして30~40分といったところでしょうか。

そうした話し合いを始終《しじゅう》していると、患者さんと私の関係が、戦友の関係になってきます。戦友とは同じ部隊に属し、戦闘や生活を共にする兵士です。

かつて外科医の頃は、患者さんは壊れた機械。私は優秀な修理工といった、わずかながら上から目線が存在していました。恥ずかしい限りです。しかし戦友となると上から目線は無用の長物です。

西洋医学から多くの代替療法までの広い世界について腹を割って話し合うのですから、戦友の関係はどんどん密《みつ》になっていきます。その戦友が相手の凶弾に倒れたときは、その旅立ちをしっかり見送ってやろうというのは人情というものです。だから、ある時期、入院患者さんが亡くなると必ず見送ったものでした。

入院患者さんが亡くなると主治医が「ご臨終です」から死亡診断書までの所定の手続きをおこないます。それが済むとナースステーションから私に「すべて終わりました。どうぞ……」という電話がかかってきます。

すぐに病棟に行き、ご遺体のそばに座ります。ご家族の方も一人、二人座っていますが、挨拶以外はほとんど口を利きません。ただ黙ってご遺体の顔を見ているのです。

そうして気がついたのです。あるときご遺体の顔がすうっと変わることに。早い人だと1~2分、長くても1時間といったところでしょうか。

例外は一人もありません。必ず変わるのです。それもじつに好い顔です。手塚さんは「まるで仏様のような顔になった」と表現していますが、私にはどうしても人間の顔です。それも、なんと表現してよいのかわからない、すばらしい顔なのです。

経験を重ねながら、とつおいつ考えた結果、

「これは、この世のおつとめを済ませ、〝さあ、これから故郷に帰れるぞ！〟という安堵《あんど》の表情なのだ」

という結論に至りました。では故郷は何処に？


あっ！　死後の世界だ！


ということで、死後の世界の存在を確信しました。

そうであれば、これまでのようにこの世界だけを見ていたのでは人間まるごとにはなりません。あの世とこの世をまとめて見て、初めてホリスティック医学です。

そこで、この世に在るうちに死後の世界を確信して、安心してあの世に入っ

ていけるような境地を生と死の統合と称して、ホリスティック医学の究極としたのでした。

第5章

自分流の養生をおこなう

帯津流の食養生

①朝食

私の食養生の基本は貝原益軒の『養生訓』に従って、

好きなものを少し食べる。
好きなものは、あなたの体が、あなたの命が要求しているのだから。

の実践です。

体に良いということはあくまでも第二義的なことで基本条件ではありません。

朝食はごく簡単に済ませています。まず川越の病院に勤務する日は早朝の5時頃出勤するとまずは**甘酒の缶(190グラム)**を飲みます。アルコールは入っていません。主成分は酒粕《さけかす》と米麹《こめこうじ》です。発酵食品ですから体の免疫能を高めてくれることはわかってはいますが、そのために摂るのではなく、単純に好きだから飲んでいるのです。

午前7時40分になると秘書さんが作ってくれる正式の朝食です。とはいっても**ココアが1杯**と**昆布茶1杯**だけです。ココアで糖分を、昆布でカルシウムをということは、まるで意識していませんでした。

講演などに備えて前泊するとき、常宿のホテルでの朝食はいつも定まっています。

生ビールの中ジョッキ
オレンジジュース
コーヒー
目玉焼き1個

という布陣。早朝の生ビールほど美味いものはありません。私の元気の根源です。そのうえで健康寿命を延ばすことを意識して、オレンジジュースでビタミンCを、コーヒーで砂糖を、目玉焼きでコレステロールをいただくことにしたのです。しかし、主役はあくまでも、生ビールです。

②昼食

川越の病院では月曜日と金曜日は外来担当。忙し過ぎて、時間的に余裕がありませんので、簡単に済ませるという意味で、一皿ものがよく登場します。

ラーメン、タンメン、カレーライス、ハヤシライス、オムライス

といったところです。いずれも好物なうえに、用意をしてくれる元栄養科長のAさんの腕がいい。というよりは、私の好みをよく知っているのです。

火曜日は病棟担当で時間的余裕は十分にありますので、**白飯と汁物とデザートが中心**で、副食に必ず登場するのが**白菜の浅漬け**。白菜はアブラナ科の一年生または二年生葉菜。成分としてはビタミンCが豊富なうえに、発酵食品として免疫力を高めることに寄与しています。夏冬にかかわりなく毎日ですから、それなりの意味はあると思います。

それから塩気のたっぷり効いた**鱈子**とか**筋子**。そして**豆腐**か**厚揚げ**をほんの少し煮たものという布陣です。あくまでも好み優先ですが、白菜の浅漬けが毎日登場することでは自分を誉めてやりたいような気持ちになっています。

生ビールの中ジョッキ

池袋のクリニックでの昼食は、年来の友人と二人で近くのうどん屋さんで食べることが多いのですが、これにも一定のパターンがあります。

カツ丼、親子丼、すき焼き丼、いずれかの半ライス
アイスクリーム

というパターンです。ずいぶんと長く続けていますが、一向に飽きないから不思議です。

③夕食

さて、いよいよ夕食です。基本は晩酌です。晩酌はわが心のときめきのトップバッターです。特に汗水を流して一日中働いたあとの晩酌は最高です。休肝日はありません。飲み過ぎるということもなければ、今日は飲みたくないなと思うこともありません。

前述の通り、病院を開設以来41年間で二日酔いはたったの1回だけです。さすがに血液検査のγ－GTPは20年以上にわたって200以上と高数値を示していましたが、3年ほど前からウイスキーのチェイサーとして**昆布の出し汁**を飲むようになってからはほぼ正常値に近くまで下降してきました。

酒の飲み過ぎを戒めながらも、酒の養生法としての側面を好意的にとらえているのは、なんといっても貝原益軒の『養生訓』です。

酒は天の美禄《びろく》なり。少しのめば陽気《ようき》を助け、血気《けっき》をやわらげ、食気《しょくき》をめぐらし、愁《うれい》を去り、興《きょう》を発して甚《はなは》だ人に益あり。

何度でもご紹介したくなる、なんとも美しい名文ではありませんか。

その通り、酒は優れた養生法であると思っていますから、原則として、がんの患者さんが折に触れて飲むことも賛成です。大病をした方は決して乱暴な飲み方はしません。皆さん、愛着をもって少量を味わって飲んでいます。

特に抗がん剤などのつらい治療に挑んでいる患者さんは、ほっとする時間が欲しいのです。ほっとすると免疫力と自然治癒力が向上するからです。

そしてお酒、つまりアルコールの種類ですが、原則としてはなんでも厭《いと》わず飲みますが、自らのパターンというものがあります。

まず、平日に仕事を終えて川越の病院の職員食堂でほっとして杯を傾けるときは、**アサヒの缶ビール（350ミリリットル）を1缶**開けたあとに、**シングルモルトのウイスキー（ロックで2〜3杯）**。

すべていただきものなので、なんであっても感謝して飲んでいますが、あえて名を挙げれば、**マッカラン**、**グレンフィディック**、**ボウモア**、**白州**、**山崎**、**余市**といったところです。

池袋のクリニックでは、晩酌はもっぱら、ホテル内の居酒屋さんともいうべき「旬香《しゅんか》」さんでおこなっていますが、ここでは**生ビールの中ジョッキを一〜2杯**のあと、**焼酎の「鳥飼《とりかい》」のロック**です。

外神田の鰻屋さんの「久保田」さんでも「鳥飼」のロック。川越の鰻屋さんの「いちのや」さんでは**麦焼酎の「千亀女《せんがめじょ》」のロック**です。もう一軒行きつけの居酒屋さんの「栄《さかえ》」さんでは**バーボンウイスキーのロック**とそれぞれの持ち味を楽しんでいます。

さて、いよいよおつまみと夕食です。おつまみの双璧は**お刺し身**と**湯豆腐**です。これは50年来変わりません。

お刺し身はなんでも来い！　ですが、特に好きなのが**本マグロ**と**カツオ**と**ウニ**といったところでしょうか。湯豆腐も夏冬関係なく一年中食べていますが、**濃いめの昆布の出し汁に豆腐だけ**が大好きです。ネギやシイタケの入ったのは好きではありません。

二番手は塩気の利いたものです。**いかの塩辛、酒盗《しゅとう》、筋子、鱈子**などを思う存分に食べます。そのために30年来、降圧剤を服用しています。

薬を服用せずにライフスタイルを整えるというのとは反対に、薬はきちんと服用して、ライフスタイルのほうは自由奔放《ほんぽう》にというわけです。

そして三番手は時期的な制約はありますが、**からすみ**と**白子ポン酢**というところでしょうか。

それから、ウイスキーのおつまみには甘いものが少し欲しいのです。しばしば登場するのが、**温泉饅頭《まんじゅう》、御手洗団子《みたらしだんご》、きんつば**といったところでしょうか。

鍋物では**葱鮪《ねぎま》鍋**に**鮟鱇《あんこう》鍋、ワンタン鍋**。

最後の御飯物となると、**にんじん御飯、竹の子御飯、栗御飯、グリンピース御飯、松茸御飯**などが日替わり定食のようにして出てくるのも乙《おつ》なものです。

④小まめに立ち働く

養生のための運動となると、ウォーキングやランニングを思い浮かべますが、人間が昔風なためか、私は「立ち働く」という言葉が好きなのです。

貝原益軒も『養生訓』のなかで、

四民ともに家業をよくつとむるは、皆是養生の道なり。

と説きます。つまり、武士も農工商の者も家業に励むことが養生の道だというのです。

武士となる人は、幼いときから書を読み習字を習い、礼楽を学び、弓を射《い》り馬に乗り武芸を習って、身を動かすべし。農、工、商の人はおのおの、家業を怠《なま》けず朝に夕によくつとむべし。婦女は家にいて気が停滞しがちで、病が生じやすいので、仕事をして体を動かすべし。富貴の娘であっても、親、しゅうと、夫によく仕えて世話をし、織物や針仕事、糸つむぎ、料理を職分として、また子をよく育てて、安座していてはいけない。

と語ります。どんな人もそれぞれに、よく働いて体を動かしていることが養生だというのです。

私も仕事のなかで体を動かすことが大好きです。私の外来は大体、

8時30分、午前の外来開始
10時15分から15分間の休憩
13時過ぎに昼食
14時30分、午後の外来開始
16時過ぎに1日の外来終了

といった感じです。

患者さんの総数は毎日、20〜30人といったところです。

朝8時になると、2階の自室を出て階段を下り、広い外来ロビーを横切って自分の診察室に入り、その日の患者さんのリストを見て、その概要を頭に入れます。これでまず、身が引き締まります。心地よい緊張感です。

患者さんの名前が呼ばれると椅子から立ち上がり、患者さんを迎えます。

患者さんが座ると、こちらも座って、「いかがですか」とまず全体の様子をうかがい、そのあと、脈診《みゃくしん》、舌診《ぜっしん》、頸部の触診《しょくしん》、胸背部の聴診《ちょうしん》、打診《だしん》、をおこなったあと、患者さんをベッドに誘導して、自分もベッドサイドに移動して、腹部の触診と聴打診をおこない、それから両者ともまた椅子に戻って、診察の結果を説明し、薬の処方をします。

患者さんが、「ありがとうございました」と立ち上がると、こちらも立ち上がって、「お大事に！」。すると患者さんが、「先生もお大事に！」と言って、にっこり笑って診察室を出ていきます。

これを1日に20〜30回と繰り返すわけですから、かなりの運動です。1日の仕事が終わると、益軒先生の**「家業に励むことが養生の道」**が実感として全身をやさしく包んでくるようです。

⑤心のときめきのチャンスは、必ずものにする

60年以上にわたる、がん治療の現場での経験のなかで、人間の治癒力の根源である自然治癒力を高める最大の要因は、心のときめきであることがわかってきました。

前述したように、ホリスティック医学は、医療と養生の統合をもってスタートとし、生と死の統合を究極とするのですから、戦略会議は134ページの図**「病を克服する家」**のように、まず養生から入ります。そして、その養生も、

心の養生
食の養生
気の養生

の順で話し合っていくのです。

ということで、

「自然治癒力を高めるためには心のときめきほど大切なものはありません。だから心のときめきのチャンスは決して逃さず、必ずものにしてください」

という話から入ります。

すると、多くの患者さんは私の本を読んでくださっているので、「わかってます！」という頼もしい答えが返ってきます。

「あぁ、それではいいですね。次の食の養生に入りましょう」

病を克服する家

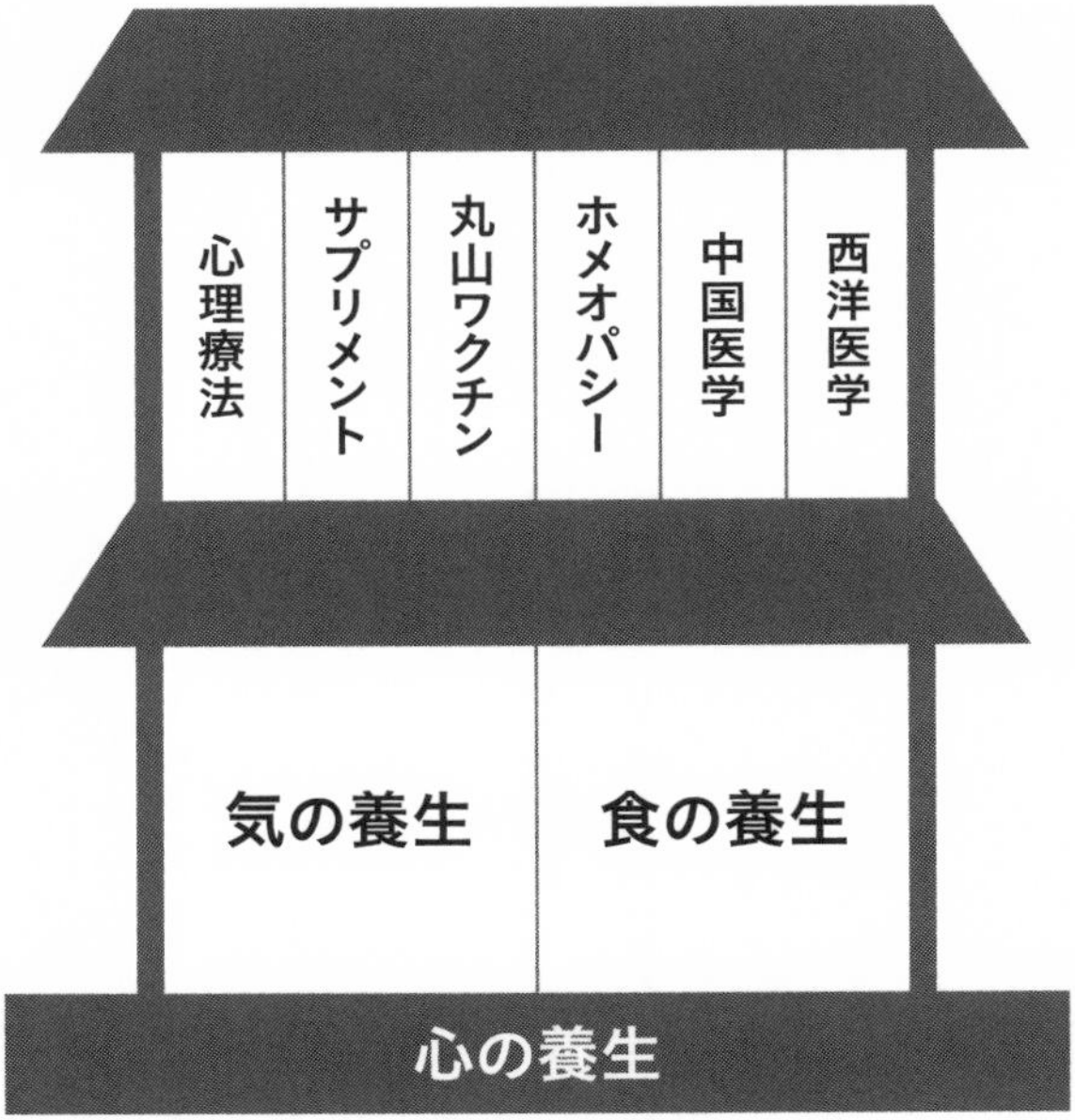

と簡単に済ませてしまうことも少なくないのです。

ありがたいことなのですが、専門病院で緩和ケアを勧められても納得できず、ホリスティック医学を求めて、私の病院にやって来る患者さんもいらっしゃいます。

そういう患者さんのなかには、こういうことを言う方もいます。

「無理ですよぉ、私はあちらの病院を出るときに、余命6カ月と言われたのですよぉ。あれからもう1カ月経っています。余命5カ月じゃあ、ときめいてなんていられませんよぉ」

「そんなことはありません。ときめきのチャンスはどなたにも平等に訪れますから、それを必ず掴んでください」と私が言うと、「先生ご自身は、どんなときに、どんなときめきに見舞われるのですか?」と聞いてくる人もいます。

ご参考までに、私のときめきのチャンスのいくつかをお示ししましょう。

○最後の晩餐

貝原益軒の『養生訓』に**「人生の三楽」**という項目があります。すなわち、

道《みち》を行い善《ぜん》を楽しむ。

健康で気持ち良く楽しむ。

長生きして長く久しく楽しむ。

ということです。

道とは生きがいとか生きることの根元。善とは道をおこなうことによって身についた徳と品性のようなもの。道をおこない、それによって身についた徳を楽しむというのですから、いいですね。いつの頃から、酒も私にとって道の一つであるように思えてきました。言ってみれば「酒道《しゅどう》」ですね。1日、立ち働いたあとのお酒は私にとって心のときめきの最たるものです。

過不足なく、ちょうどよく飲んで就寝。なんとも言えない気持ち良さです。

そして、70代になって毎夕の晩餐が最後の晩餐になりました。どういうことかといいますと。患者さんの死の不安を和らげることは私たちの仕事の大きな部分です。そのためにいろいろ試行錯誤を繰り返すなかで、畏友・青木新門さんの『納棺夫日記』(文春文庫)の文章に出会ったことは先にも触れた通りです。

今度は少し噛みくだいて書いてみましょう。

死に直面して不安におののいている人を癒やすためには、人はその人より一歩でも二歩でも死に近いところに立たなければならない。

よくわかりました。私の病院でもがんの患者さんが多いので1週間のうちに、一人や二人が亡くなられることも珍しくはありません。この方々よりも常に死に近いところに立つためとは、毎日、**「今日が最後の日」**と思って生きていくべきであると考えたのです。

そのとき、私は60代。その時点で、映画評論家の淀川長治さん、プロ野球の王貞治さん、アップル社のスティーブ・ジョブズ会長のお三方が「今日が最後の日」と思って生きていることを知ってはいました。

しかし、いざとなると、そう簡単には思えないのです。だからといっていつまでもぐずぐずしてはいられないので、70代になったその日から、「今日が最後の日」と思って生きることにしたのです。

その結果、できました。やはり、亀の甲より年の功です。朝、起床の際、自分に言い聞かせるのです。**「よし！　今日が最後だ。しっかり生きよう」**と。

そして、このことが少しずつ板についてきたある日、毎夕の晩餐が私にとっての最後の晩餐になったのです。

あのキリストの最後の晩餐です。『広辞苑』によれば、

【最後の晩餐】（The Last Supper）イエスが受難の直前、神の国に一致の象徴として十二使徒と共にとった晩餐。キリスト教会における聖餐《せいさん》の原型。その情景を描いた絵画に、ジョット・フラ=アンジェリコ・レオナルド=ダ=ヴィンチらの名作がある。主の晩餐。

とあります。深い信仰心もないのに、簡単に引用したりしたのでは申し訳ないのですが、私にとっては、これもまた大事な道なのです。

これも繰り返しますが、まず、ビールを一気に飲み干すと、背筋がすーっと伸びます。次いでロックグラスに琥珀色の液体が音を立てて注がれると、丹田のあたりに、**「よし！　あと5時間半、しっかり生きよう」**という覚悟のよう

なものが生まれます。

そして、飲むほどに酔うほどに、この覚悟が大きな喜びに変わっていくのです。食養生としても最高です。

○講演

講演は大好きです。かつては年間１００回くらいの講演をこなしていました。

講演の良いところは、会場という場のエネルギーが高まるところにあります。話が佳境に入ると、話している、わが内なる生命場のエネルギーが高まります。同時に私の話に共鳴する聴いてくださる方々の内なる生命場のエネルギーが高まります。すると、私たちを包み込んでいる会場のエネルギーが高まります。すると、それにつられて、一人ひとりの内なる生命場のエネルギーが高まります。すると……というように好循環が生まれるのです。

だから90分間立ちっぱなしで話しても少しも疲れません。

ところがコロナ禍に入って、講演が激減しました。2020年の3月から6月までは全滅です。その後少しずつ回復してきましたが、まだ往年の半分にも至りません。そのうえにオンラインで、会場にはわずかな人がいるだけでは、どうも会場の場のエネルギーの上昇にはつながりません。

さすがに今年に入って、会場が満員というケースも増えてきましたが、かつての盛況にはまだ少し時間がかかりそうです。

○執筆

もともと文才があるわけではありませんが、依頼を受けて、いろいろな原稿を書いているうちに、文章を書くことがだんだん好きになってきました。

書き始めの頃はそうでもないのですが、ある程度、構想が定まって筆が進んでくると、日増しにうれしくなってきます。そして折り返し地点を過ぎる頃には真っ白な原稿用紙に向かうのが楽しくなってくるのです。締め切りが近づくにつれ、なおうれしくなってきて、締め切り期日内に原稿を送ったときのうれしさは最高です。

このことを端的に表しているのが、ニューヨークの文芸評論家アナトール・ブロイヤードさんの『癌とたわむれて』（晶文社）です。

ある日、彼は身体の不調を訴えて、病院を受診します。その結果、前立腺がんの全身骨転移《こつてんい》を告げられ、一瞬たじろぎますが、同時に、心のときめきを覚えたというのです。何にときめいたのか？

わが人生にも締め切りが設けられた！

というのですから振るっています。名にし負《お》う文芸評論家ですから、ふだんから締め切りのときめきが身に染みついていたのでしょう。その結果、**「もはや一日一日がさりげない日ではなくなった」**というのですからさすがです。

私は現在のところ週刊誌1冊、月刊誌2冊、季刊誌2冊の合計5本の連載を抱えています。わが人生の彩《いろど》りの一つです。

○太極拳

太極拳の、あの柔かい丸みを帯びた動きを套路《とうろ》ということは先に触れましたが、もう少し詳しくご説明しましょう。「套」とは、河の流れや山並みが曲がっている場所のことであり、また、同類のものが一緒になっている一組のことであるといいます（『現代中国語辞典』香坂順一：編著／光生館）。

また、『中国太極拳事典』（余功保：編著、楊進：監修／ベースボール・マガジン社）によれば、套路（とうろ／taolu）とは、

太極拳の用語。太極拳の単式から一定の方法、構造の組合せで練習する形式。太極拳の伝承中で最も主要な表現方式。

太極拳の要領、技術などは套路の練習を通じて体得される。套路は簡単な単独動作のつながりではなく、一式ごとに内在する相互関係がある。

まさに套路は太極拳の真髄ではありませんか。

私は毎朝6時15分になると院内の気功道場で太極拳を1回だけ舞います。良くも悪くも1回だけです。「一期一会の太極拳」と呼んでいます。わずか10分足らずですが、終わる頃には全身に喜びが満ち満ちてくるのです。

あの素晴らしい套路がダイナミズムを生み、そのダイナミズムが喜びに変わるのではないでしょうか。10分足らずとはいえ、連日のことです。この一期一会の太極拳が生む心のときめきが、自然治癒力の向上に大いに貢献しているものと考えています。

○恋心

心のときめきといえば、なんといっても恋心です。奥手《おくて》というのでしょうか、私は60代になって急に女性の色気を強く感じるようになりました。女性の頬とか首筋とか二の腕に触りたくて仕方ないのです。

それと同時に、女性にモテるようになりました。60代といえばセックスに関してはまだ現役です。浮気のチャンスにも何回か恵まれました。しかし電車の車内で触ってしまったら大変です。いつの頃からか新幹線以外の電車には乗らなくなりました。

そんなときにたまたま、『酒と本があれば、人生何とかやっていける』（河谷史夫／彩流社）なる本を本屋さんで見つけました。酒が大好きなら本も大好きな私のことです。わが意を得たりとばかりに買い求めました。

元気の出る座右の書として、しばらく私の机の上に鎮座ましましていました。

それなのにいつのことか、「酒と本ではないなあ。やはり、酒と女だなあ」

と不意に感じたのでした。余談ながら、この本への関心が急に薄れたと思ったら、忽然とこの本が机上から消えてしまったのには驚きました。

しかし、男性ホルモンの代表として精巣《せいそう》の間質《かんしつ》細胞で生成されるテストステロンの分泌も高齢になると衰えるようです。

80歳を境にセックスに対する意欲が目に見えて衰えてきました。一方、脳下垂体から分泌される生殖腺刺激ホルモンのゴナドトロピンは一向に衰えないようです。色気のある女性に触りたい、ハグをしたいという気持ちはいまだに好調を維持しています。

診察が終わってハグをして別れる患者さんは何人もいますし、誰も居ない廊下で出会ったらハグをすると約束をしている人もいます。

講演でハグの話をすると、終わってから私とのハグを求めて行列ができます。

そして憎からず想っている女性と酒を酌み交わしたあと、ハグをして別れるというのも乙《おつ》なものです。

○毎日の気功

中国の本場の気功に出会ったのは1980年の初めての訪中の際ですから、すでに43年のお付き合いです。しかし調和道丹田呼吸法の門を叩いたのは東大病院時代ですから、45年は優に越えました。

◎調和道丹田呼吸法

まずは白隠禅師の『夜船閑話《やせんかんな》』からの引用です。

しかしながら、わたしには「仙人還丹《せんにんげんたん》の秘訣」というものがある。弟子たちよ、試しにこれを修してみなさい。その効果が絶大なこと、雲や霧が一気に晴れて天空が光輝き出すようなものである。

この秘訣を修めるには、参禅工夫はひとまず置いて、ぐっすりひと眠りすることだ。

そうして、まず仰臥して目を瞑《つむ》り、かといって眠り込まずに、両脚を伸ばし強く踏み揃え、体中の元気を臍輪《さいりん》、気海《きかい》、丹田《たんでん》、腰脚《ようきゃく》、そして足心《そくしん》に充たすようにするのである。それから次のように観想してみるがよい。

我《わ》がこの気海、丹田、腰脚足心、総《そう》に是《こ》れ我が本来の面目《めんもく》。面目何の鼻孔《びくう》かある。

我がこの気海、丹田、腰脚足心、総に是れ我が本分《ほんぶん》の家郷《かきょう》。家郷何の消息《しょうそく》かある。

我がこの気海、丹田、腰脚足心、総に是れ我が唯心《ゆいしん》の浄土《じょうど》。浄土何の荘厳《そうごん》かある。

我がこの気海、丹田、腰脚足心、総に是れ我が己身《こしん》の弥陀《みだ》。弥陀何の法をか説く。

このように繰り返し繰り返し観想するがよい。この観想の効果が積もれば、一身の元気いつしか腰脚足心に充足して、臍下《さいか》が瓢箪《ひょうたん》のように充実してくること、篠打《しのう》ちして柔らかくする前の固く張った蹴鞠《けまり》のごとくである。このような観想を一週間ないし三週間も続けるならば、それまでの五臓六腑の気の滞《とどこお》りや、心気の衰えのための諸症状が底を尽くようになくなるであろう。もし、この言葉に嘘があったらこの老僧《わし》の首を斬って持っていくがよい。
(『白隠禅師の気功健康法』帯津良一/佼成出版社)

なんともすごい迫力ですね。それもそのはず、お弟子さんたちの命がかかっているからなのです。

当時、白隠禅師は沼津市の西方に位置する松蔭寺《しょういんじ》にて布教に努めていました。その白隠さんの教えを求めて全国から若いお坊さんたちが集まってきます。ところが貧しい寺院だったため、生活環境も劣悪です。激しい修行のなかで若いお坊さんたちはばたばたと病に倒れていったのです。

こうしたお弟子さんたちを救うべく、白隠さんは中国の文献をいろいろ学んで、『仙人還丹の秘訣』とも、『内観の法』とも呼ばれる呼吸法を編み出したのです。多くのお弟子さんたちの生命がかかっているだけに、この呼吸法の迫力は並みではないのです。

この白隠さんの故事に目をつけて、調和道丹田呼吸法を編み出して調和道協会を設立したのが真言宗智山派の僧侶である藤田霊斎《ふじたれいさい》師でした。

1907年（明治40年）のことでしたが、これがいったん世に出ると養生を求める人々に歓迎され、岡田虎二郎《おかだとらじろう》氏の岡田式静坐《せいざ》法とともに天下の人気を二分し、一世を風靡《ふうび》したと、いまでも語り草となっています。晩年はハワイに渡って伝道に尽くし、1957年90歳の高齢を得て土に還りました。

調和道協会へ入門する

私が調和道協会の門を叩いたのは都立駒込病院時代ですから、40歳代の前半。東京大学第三外科の時代に入門した八光流柔術に強くなるためでした。最初は本部ではなく、当時、調和道のプリンスと呼ばれていた画家の長允也《おさみつや》さんが主催する「道祖《どうそ》研究会」でした。山手線の日暮里駅の谷中口に近い延命院《えんめいいん》というお寺さんの一室を借りて開いていていました。

都立駒込病院から歩いて行ける気軽さもあり、若手の個性豊かな人が多く、帰路に近くの中華料理屋さんでの一献をも含めて、じつに楽しい会でした。

少し後れて本部に入門しましたが、当時の本部はJRの鶯谷駅の近くにあり、会長は二代目の村木弘昌《むらきひろまさ》先生でした。先生は内科医であるとともに歯科医でもあり、谷中で「村木内科歯科医院」を経営していました。

小柄で声も小さく物静かで、とても一流一派の総帥《そうすい》には見えません。実修の前に必ず講話があるのですが、いつも睡魔《すいま》と戦うのに苦労したものです。また月に1~2回、谷中の全生庵《ぜんしょう》でも講話を担当していて、これにもできるだけ出席するようにしていましたが、同様でした。

しかし講話の内容には深いものがあり、白隠さんについてのお話も興味津々《きょうみしんしん》で、白隠さんの著作をせっせと読むようになったのは先生のおかげです。

また先生は〝**治し**〟と〝**癒やし**〟とをはっきりと区別していました。

私自身、あたかも機械の故障を修理するかのように体の故障を直すのが〝治し〟、低下した生命場のエネルギーを回復させるのが〝癒やし〟とはっきり分けるようになったのは先生のお話が端緒《たんしょ》になっています。

また、当時、都立駒込病院で食道がんの手術に明け暮れ、精を出していた私に**「がんという病は体だけではなく、心も生命も深くかかわった病なのだ」**ということを教えてくださったのも先生でした。

そして実修が済むと必ずといってよいほど近くの居酒屋さんに誘われます。そこで小一時間過ごすのですが、先生は口を開けば呼吸法です。それ以外の話題はありません。私は私で店内のテレビで実況中継中の長嶋巨人の試合のほうが気になって落ち着かないのですから困ったものです。

終わってお店の前で先生と別れます。先生は徒歩でご帰宅です。私はタクシーを拾って都立駒込病院へ。いつも歩いている先生を私が後ろから追い抜く形になります。先生は前屈《まえこご》みで大股に歩を進めています。しかも、

ハアッ・ハアッ・ハアッ・フウ

という三呼一吸《さんこいっきゅう》です。かように先生の日常はすべて呼吸法なのです。いま思い出しても頭が下がります。

村木弘昌先生には忘れられない思い出が一つあります。あるとき、先生が北

京大学で講演することになったのです。お一人で行くのがさびしかったのか、「帯津先生！　一緒に行ってくれませんか」とお誘いがかかったのです。そのときの私の気持ちがどうだったかは思い出せませんが、同行することにいたしました。

私も「中西医結合によるがん治療」という演題で前座を務めることになりました。会場は学内の大教室のような部屋で、聴衆は経済学部のあるゼミナールの学生さんと体育学部の学生さんが合わせて100人ほど。至って静かでアカデミックな雰囲気です。

話が終わるや否や経済学部の学生さんからの質問です。

「あなたの〝気〟に対するご見解をお聞かせください」と来たので、私は一瞬たじろぎました。

和道流空手道、八光流柔術、調和道丹田呼吸法と幾多の変遷を経るなかで、さらには中医学を学ぶなかで、気についてはいろいろな本を漁《あさ》りました。たとえば、『気の研究』（黒田源次《くろだげんじ》／東京美術）や、『気の思想』（小野沢精一・他編／東京大学出版会）などです。

しかし、結局は中医学でいう、**「気は大は宇宙から小は私たちの細胞の一つひとつにまで遍《あま》ねく存在する生命の根源物質である」**を一歩も出ていないことがわかり、とりあえずは気について漁ることをあきらめていたのです。

そこで当時を想い出しながら、次のように答えたものです。

「気は物質かエネルギーか、はたまた情報か原理がわからないけれど、少なくとも物理学でいうところの『エントロピー増大の法則』の反対方向に進む、すなわち物事に秩序性を与える何かである」

するとその学生さん、笑みを浮かべて頷《うなず》いたものです。ほっと胸を撫で下ろしました。

このときの印象が非常に良かったので帰国してから、日本東洋医学会で「気とエントロピー」という演題で発表しました。会場の反応はまったくありませんでしたが、同席していた先輩から、「気とエントロピーを結びつけたのは、おそらく、あなたが最初だろう。プライオリティを得るためにも論文にしておいたほうがいいですよ」との忠告を受け、緑書房《みどりしょぼう》の『東洋医学』に投稿して活字化しました。

その後しばらくして、五木寛之さんと望月勇さんという方の対談本である『気の発見』（徳間文庫カレッジ）という本を本屋さんで立ち読みしていたところ、私のこの論文が引用されているのです。

うれしくなって、懇意にしている出版社の方に話したところ、その方の肝煎《きもい》りで『文藝春秋』の季刊誌「SPECIAL」で五木寛之さんと私の対談がおこなわれたのでした。ご縁というものは不思議なものですね。

その後、村木先生の後を継いで私が三代目の会長を17年間務めました。

その際のご縁で、谷中の臨済宗の名刹「全生庵」の仏教清風講座の講師をお引き受けすることになり、鎌田茂雄《かまたしげお》先生や対本宗訓《つしもとそうくん》先生とのお付き合いが生まれたわけですから、これまたご縁とは不思議なものです。

そして四代目の会長さんのときに、調和道協会はその100年を超える歴史の幕を閉じることになりました。残念ですが、優れた人材を世間に送り出した、その功績は燦《さん》として輝いています。そして、協会のシンボルである**「調和の真人《しんじん》」**の木像、男女二体をお預かりして、わが気功道の守護神を務めていただいているのもまたご縁というものでしょうか。

虚空と一体になる呼吸法を開発

白隠さんの呼吸法によって元気を取り戻したお弟子さんたちに笑顔が戻ってくると、白隠さんは彼らに向かって檄《げき》を飛ばします。

◎新呼吸法「時空」

「病が癒えたからといって、ただ喜んでいたって駄目だ。なお一層、修行に励んで、生きながらにして虚空と一体とならなくては！ 生きながら虚空と一体になることこそ真の養生の道だ！」

養生の世界に初めて、虚空《こくう》の登場です。虚空とは何か？『広辞苑』によれば、

こくう【虚空】①〔仏〕何もない空間。そら。仏典では、一切の事物を包容

してその存在を妨げないことが特性とされる。今昔物語集（一）「―に昇りて去にけりとなむ」

こくうかい【虚空界】〔仏〕無形・無相で、一切万有を包括する真如をたとえていう。

こくうぞう・ぼさつ【虚空蔵菩薩】虚空のように広大無辺の福徳・智慧を蔵して、衆生《しゅじょう》の諸願を成就させるという菩薩。

とあります。さらに真如とは、

しんにょ【真如】〔仏〕一切存在の真実のすがた。この世界の普遍的な真理。

です。

私はがん治療での40年余りにわたる気功の経験に鑑《かんが》み、白隠さんの言う通りだと思いました。そして気功の本来の目的は身心を虚空いっぱいに広げて、虚空と一体になることだと気がついたのです。

そこで虚空と一体になることをテーマにした功法が一つくらいあってもいいと考え、この**『新呼吸法「時空」』**を創りました。それまで私が体験してきたさまざまな功法から、虚空と一体になるために最も適した功法をお借りして体系化したものです。予備功に始まり、収功に終わる一連の動作は約30分ほどです。そしてその流れは

①予備功
②気となじむ
③四億年前を想い出す――波打ち際のリズム呼吸
④虚空と気の交流をする

⑤虚空と一体となる
⑥収功

の6パーツから成ります。

一つずつ簡単にご紹介いたしましょう。

①予備功

心身をリラックスさせ、経絡《けいらく》をのびのびとさせることで、気の通り道を調えることが目的です。「簡化外丹功《かんかがいたんこう》」の松臂《しょうび》・拍肩《はくけん》・拍背《はくはい》・拍下肢《はくかし》・拍頭《はくとう》・環頸《かんけい》の六つの要素から成っています。

②気となじむ

天の気、地の気を取り入れ、全身に行き渡らせることが目的です。「宮廷21

式呼吸法」から選んだ、天の気を取り入れる気貫丹頂《きかんたんちょう》、地の気を取り入れる引《いん》気下行《きかこう》、取り入れた気を全身に行き渡らせる気通双臂《きつうそうび》から成ります。

③四億年前を想い出す――波打ち際のリズム呼吸

四億年前に波打ち際で繰り広げられた、水中から陸上への生命の進出の壮大なドラマに思いを馳せ、悠久の時の流れを感じ取ろうというものです。波打ち際のリズムをイメージして、調和道丹田呼吸法から緩息《かんそく》、基本動作《きほんどうさ》、小波浪《しょうはろう》息《そく》、大振息《だいしんそく》を選びました。この呼吸法は、そもそも元東京芸術大学教授の三木《みき》成夫《しげお》氏の著書『海・呼吸・古代形象《こだいけいしょう》』（うぶすな書院）からヒントを得たものです。

約四億年前の古生代後半、地球は大規模な地殻変動を体験しましたが、このとき、人間の遠い祖先は海から陸に進出すべきか否かの大きな決断を迫られたといいます。朝日に輝く、そして夕日に映える緑なす陸地を見て、誰もがすぐにでも上陸したいという衝動にかられたのです。

しかし、水中の鰓《えら》呼吸ではどうにもなりません。陸に上がればすぐに苦しくなってしまいます。そこで、行こうか行くまいかと迷いながら浮袋《うきぶくろ》から肺を造っていったといわれています。肺が完成するのに300万年かかったそうです。その間に寄せては返す波打ち際のリズムが陸上の呼吸のリズムになりました。しかし、肺がほぼ完成した時期に少しくらい苦しくとも敢然《かんぜん》と上陸していった者と、あきらめて水中に戻っていった者との親子の別れ、兄弟姉妹の別れがあったというのが三木成夫先生の大ロマンなのです。

三木成夫先生は東京大学医学部の大先輩。調和道協会の集まりで何回かお話を聴く機会がありましたが、いつも物静かな柔らかい口調で話されていました。

私が郷里の川越市で病院を開設してまもなく、隣のふじみ野市にお住まいだった先生から教え子の方の診察を依頼されたことがありました。
これからいろいろお付き合いをさせていただけるなと楽しみにしていましたが、先生はそれからまもなく早世され、私の希望はかなえられませんでした。残念でなりません。

④虚空と気の交流をする

気功は「虚空と一体となる日のためのリハーサル」というのがこの功法の主眼であり醍醐味です。ですから、この虚空との交流と、次に続く虚空と一体となるというシーンは、この「時空」の中心をなすものです。

息を吸いながら手のひらを通して虚空の気を体内に入れ、息を吐きながら、体内の気を虚空に手渡すという「虚空と気の交流」を繰り返すことによって、生命場のエネルギーを高めていくものです。「②気となじむ」の「気貫丹頂」ののち、智能功の「棒気貫頂《ほうきかんちょう》」によって虚空と交流します。

⑤虚空と一体となる

智能功のなかの「三心併站功《さんしんへいたんこう》」をおこない、手のなかに宇宙を抱いているイメージを持ちます。宇宙を抱いているあなたは虚空と一体となっているわけです。そのまま10分間立ち続けます。ゆっくり呼吸して、宇宙を抱いているイメージを持ち続けてください。

こうして虚空と一体となったら、今度は虚空から得た気を全身に巡らせます。お臍《へそ》の前で両手を重ねます（男性は左手が下、女性は右手が下）。その手を時計回りに9回、次に反時計回りに9回、体のなかの気を回し、体全体に行き渡らせるようにします。

⑥収功

収功とは、いわゆる整理体操です。再び簡化外丹功から、擦手《さっしゅ》、梳頭《そとう》、擦腎《さつじん》、叩歯《こうし》、転舌《てんぜつ》、甘露入腹《かんろにゅうふく》を選んでいます。

以上は拙著『白隠禅師の気功健康法』（佼成出版社）からの引用です。

新呼吸法「時空」は現在、川越の帯津三敬病院気功道場、池袋の帯津三敬塾クリニックの気功教室、東京療術学院気功教室のメイン功法の一つになりました。そのうえ、全国の養生塾でも多くの人々によって愛されています。

第6章 生と死の統合

死後の世界を確信する

私は2015年11月に、それまで18年間も務めてきた日本ホリスティック医学協会の会長を辞任し、名誉会長に就任しました。その直後しばらくは殊更《ことさら》アクションを起こさずに、自分はホリスティック医学のためにどれだけのことをしただろうか、あるいは日本ホリスティック医学協会の発展のためにどれだけの貢献をしただろうか、ということをとつおいつ考えてみたのです。

その結果、自分の設定した**「人間まるごと」**は時間的にも空間的にも少し小さ過ぎたのではないかと反省すること頻《しき》りという状況を迎えたのでした。たとえば空間的に見れば、それまでの私は身長160センチ、体重65キロのこの肉体を人間まるごとの対象にしていたのです。しかし、それが正しくないことに気がついたのです。

たとえば自然界は場の階層から成るといいます。体内を見れば臓器、細胞、遺伝子、分子、原子、素粒子のそれぞれが織り成す場が階層を成しています。目を外に向ければ、家庭、学校、職場などの日常生活の場、地域社会、自然界、国家、地球、宇宙、虚空という場が階層を成しています。

そして、この場の階層には、

上の階層は下の階層を超えて含む。

という原理が働いています。つまり上の階層は下の階層の持っている性質をすべて備えていながら、さらにプラスアルファの性質を持ち合わせているのです。ですから下の階層での研究成果を上の階層に当てはめようとすると、無理を生ずることがあるというのです。

例を挙げれば人間という階層に生まれたがんという病気に対して、一つ下の臓器という階層に築かれた西洋医学をもってしたのでは手を焼くことが多い。人間という階層に築かれたホリスティック医学をもってしなければならないということなのです。

いずれにしても素粒子から虚空までしっかりと結びついているのです。だから正確に人間まるごとという場合は、素粒子から虚空まですべての階層を対象にしなければなりません。

最近、地震、竜巻、台風、大雨などの頻発、コロナ禍にウクライナ危機など地球の自然治癒力の低下が目立っています。そこで地球の自然治癒力の回復もホリスティック医学の仕事なら、一人ひとりがしっかりと養生を果たしていくことが地球の自然治癒力の回復に貢献していくことになるのです。

時間的に見てもそうなのです。これまでの私はこの世だけを人間まるごとの対象としてきました。しかし、この世とあの世を共に視野のうちに入れてこそ、人間まるごとであることに気づいたのです。

そのきっかけを作ってくださったのは僧医《そうい》の対本宗訓《つしもとそうくん》先生でした。私は当時、丹田呼吸法の調和道協会の第三代目会長として、谷中にある臨済宗の名刹全生《ぜんしょう》庵《あん》で月に2回、清風《せいふう》仏教文化講座の講師を務めていました。ときどき私の講義のとき、最後列にお坊さんが座って聴いてくれているのを見かけてはいたのですが、あるとき講義を終えて演壇を降りてきた私に、そのお坊さんが話しかけてきたのです。

「先生がおっしゃっている、医療の基本は患者さんと医療者が寄り添い合うことであるということには私も同感です。……でも、私の見るところ、医師や看護師さんが寄り添うのは、せいぜいが心までで、命に寄り添っている方はほとんどいませんね」

私はどきっとして、「どういうことでしょうか？」と尋ねました。

「いえね、医療者の方は死を命の終わりと考えているから、寄り添うことができないのではないでしょうか。死を命のプロセスとして考えれば、その先が見えてきます」

とおっしゃるのです。やられたと思いました。

それからというもの、対本宗訓先生の言うように、死を命のプロセスの一つと考えて、その先を見るようにしてきました。いつも注視していると少しずつ見えてくるらしく、いまでは死後の世界を確信するに至りました。

養生の究極は「生と死の統合」

死後の世界を確信してみると、**養生の究極は「生と死の統合」である**ことが自明の理として浮かび上がってきました。そして、生きとし生けるものすべてが、生と死を統合して、勇躍あの世に突入していくことをサポートするのが大ホリスティック医学の究極と思えてきたのでした。

そして、生と死の統合の推進力として楊名時太極拳が浮上してきました。楊名時太極拳については第5章で前述しましたように、私にとっては楊名時先生との酒席がメインのイベントでした。ところがコロナ禍のため、川越の病院の気功道場をやむなく閉鎖することにしたのです。すると私の練功の時間がなくなりました。最初はその埋め合わせのために早朝、誰も居ない道場で一人で太極拳を舞うことにしました。

たった1回だけです。私の場合は10分足らずで終わります。間違えようとよろけようと1回だけです。うまくやろうなんて気はさらさらありません。套路《とうろ》そのものを楽しめばいいのです。だから、私自身、**「一期一会の太極拳」**と呼んでいます。

そして、こつこつ毎日続けるなかで「太極拳にはこれでいいという境地はない」ことに気づいたのです。元は武道ですから、常により上を目指すのです。柳生石舟斎や宮本武蔵のように。

となるとこの世だけでは終わりません。あの世に行ってからも、まだまだ長い道程《みちのり》が残っています。いわばあの世に行ってからが勝負です。

そう考えた途端、うまくやろうなんて考えはこれっぽっちもなくなりました。毎日毎日、淡々《たんたん》とやっています。それでいて以前よりもずっと楽しいのです。

毎朝6時10分になると仕事を中断して道場に向かいますが、なんの抵抗もなくごく自然に自室を出ていきます。太極拳の楽しさも倍加したようです。そして気がついたのです。太極拳は生と死の統合にどこまでも就《つ》いていくのではないかと。

太極拳がいとおしくなってきました。好きで好きでたまらなくなってきて、あの世での楊名時先生との再会がますます楽しみになってきました。

年齢とともに死に対する親しみが

前にも述べたと思いますが、がん患者さんというものはとりわけ死に対する不安が強いものです。その不安を少しでも和らげるのがわれわれの仕事の大きな部分であります。死に対する不安が強いと自然免疫も自然治癒力も十分に働けないからです。

先にもご紹介した、青木新門さんの『納棺夫日記』のなかの文章、

死の不安におののく末期患者に安心を与えることができるのは、その患者より死に近いところに立たない限り、役に立たないということになる。

に啓発され、病院の入院患者さんよりも死に近いところに立つことを考えて、

「今日が最後の日」

と思って生きることにしようと心に決めたのが60代のある日。しかし、映画評論家の淀川長治さんの『生死半半《せいしはんはん》』（幻冬舎）などに背中を押されたにもかかわらず、なかなか実行ができませんでした。

ようやく実行できたのは、なんと70歳になってからでした。それも最初の頃はきわめて覚束無《おぼつかな》いものでしたが、こちらが年齢を重ねるにしたがって少しずつ固まってきたというのが正直なところです。なかでも大きく背中を押してくれましたのが、五木寛之さんの『百歳人生を生きるヒント』（日経プレミアシリーズ）でした。

ここで五木さんは70代を**「大人の黄金期」**と呼んで、**「ホリスティック医学界のリーダー、帯津三敬病院・名誉院長の帯津良一さんは、そのよい例だと思**

います」と添えてくださっているのです。

五木さんとは以前、何冊かの対談本を上梓しています。人生の先輩として一目も二目も置いている方です。その方が、**「六十代から、急に女性にもてはじめたとおっしゃる帯津さんにとって、七十代はまさに黄金期ではなかったかと思います」**と、さらに書き添えてくださっているのですから、貝原益軒の

人生の幸せは後半にあり。

が現実味を帯びてくるというものです。

戦友の旅立ち

そして、80代も半ばに至って急に死が身近なものになりました。

そのよい例が戦友中の戦友である初代総師長さんとのやり取りです。

彼女は79歳のとき、もう体力的に限界だからと戦列を離れました。

しかし、昔からの運転上手に江戸っ子だけあって東京の地理に明るいことで、「これからは先生の足になります」と言って、私の運転手役を買って出てくれたのです。

自分では運転ができないうえに、痴漢にまちがえられてはいけないという理由で、電車に乗らなくなって久しい私としては大いに助けられたものです。

まずは池袋のクリニック勤務を終えて川越の自宅に帰るときです。池袋勤務は水曜日と木曜日の2日間です。火曜日の夕食を川越で済ませてから、タクシーで池袋のホテルメトロポリタンに来て前泊します。木曜日は川越から車で迎えに来てくれた彼女と夕食を済ませてから川越まで送ってもらうのです。これは経済的にも助かりますし、気持ちのうえでも本当に安心でした。

またコロナ禍に突入して、土曜日と日曜日の講演が激減してからというもの、土・日を有効に過ごすことができたのは彼女のおかげでした。


いつものように早朝の5時に病院に入って、一期一会の太極拳と原稿書きです。午前9時50分くらいに彼女が車で迎えに来てくれます。その足で一緒に川越市内の丸広百貨店に。10時の開店とほぼ同時に店内に入り、まずは地下1階の食料品売り場を一巡して夕食の材料を仕入れます。

まずはお刺し身類。1年を通じての好物が本マグロ、季節によっての好物が、フグ、カツオ、生ガキ、そして白子ポン酢といったところ。そしてステーキ用の牛肉を少量。塩辛、筋子、酒盗などの塩辛いもののなかから1~2種類、そして最後にプリン。ここのプリンは最高です。

買い物が済むと6階のレストラン街のなかのいつものお店に入って昼食、生ビールの中ジョッキの美味いこと！　おつまみは半焼きそばか半ラーメン。そしてわらび餅といったところ。終わると、また病院まで送ってもらい、再び原稿書き。

午後の4時30分くらいになると、また彼女の車が病院へ。これに乗って彼女の自宅に。もうテーブルの上には晩酌の用意が調っています。愛猫《あいねこ》のリャンちゃんまでも佇《たたず》んで待っていてくれます。飲み物はまずは缶ビールの350ミリリットルを1本。次いでウイスキーか焼酎のロック。

デパートで買ったメインディッシュ以外にも彼女の手料理が彩りを深くしてくれます。テレビの7時のニュースなどを見て、8時前にはお開き。またまた彼女が車でわが家まで送ってくれるのですから至れり尽くせりです。本当に楽しい1日でした。

その彼女が、いわゆるロコモティブシンドロームになったのです。発端は数年前の変形性股関節症の手術に遡《さかのぼ》るのかもしれませんが、よくわかりません。下半身が次第に肥満してくるとともに、その機能が低下してきたのです。得意としていた車の運転も滑らかさが欠けてきていたようなのですが、あるとき、なんでもない他人の家の塀に車体を擦ってしまったらしいのです。彼女はこれを機に運転免許証を返納して、愛車まで売却してしまいました。

それで、さっぱりしたかどうかはわかりませんが、彼女の日常生活の行動範囲は目に見えて狭くなってきたのと同時にうつ的になってきました。

あるとき、私に向かって、「私もう死にたい！　先生、一緒に死んで」と言うではありませんか。

驚いて、「まあ、そう言うなよ！」と宥《なだ》めたものでした。

その場はそれで済んだのですが、2〜3週間して、また、「私、もう死にたい！　先生、一緒に死んで！」と来たものです。このときも前回と同じように宥めて事なきを得ました。

それから、また2〜3週間して、また、同じやり取りです。ただし、このときは私の側に多少の変化が表れました。「まあ！　そう言うなよ！」と発する言葉は同じでしたが、これまでになく彼女が気の毒に思えたのです。そして場合によっては彼女と一緒に死んでもいいかな、と初めて思ったのです。だから、この次にもう一度言われたら、「うん、一緒に死のう！」と答えようと心に決めたのです。

それから、しばらくして、彼女は四度目を言わずに一人で旅立っていったのです。私はさほど驚かず、至って平静に受けとめたものでした。

そして、いずれ遠くない将来、私も向こうへ行って彼女の気持ちに応えてあげようと思いました。

それほど死が近い存在になってきたのではないでしょうか。

第7章 わが後半生

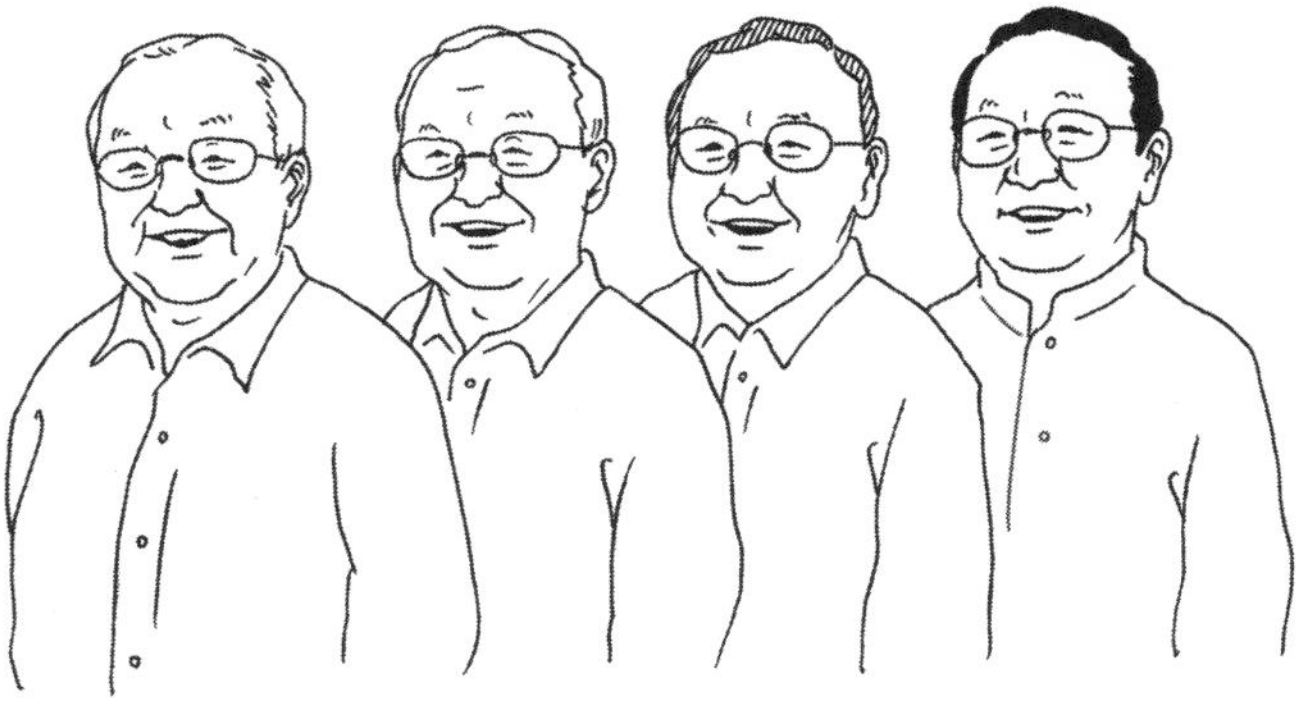

後半生における私の日常生活

私が、
60歳になったのが1996年2月。
70歳になったのが2006年2月。
80歳になったのが2016年2月。
コロナ禍の始まりが2020年2月。
87歳になったのが2023年2月。

この間、終始一貫、現役の医師の仕事をしてきました。コロナ禍になって多少、日々の生活様式に変化が表れましたので、まずは1996年（60歳）から2020年2月（84歳）までの私の日常について紹介してみましょう。

月曜日		
	3:30	起床
	4:50	タクシーで出勤
	5:00	執筆開始
	6:30	院内の道場にて気功
	7:30	経営会議
	8:00	朝食
	8:30	外来診察開始
	13:00	昼食
	14:30	外来診察
	16:00	外来診察終了
	16:30	郵送データによるホメオパシー診察
	18:00	夕食（最後の晩餐）
	19:30	タクシーで帰宅
	21:00	就寝

火曜日		
	3:30	起床
	4:50	タクシーで出勤
	5:00	執筆開始
	7:00	気功教室
	8:00	朝食
	9:00	病棟回診
	11:50	昼食
	14:00	外来診察
	15:30	養生塾開始
	17:00	養生塾終了
	18:00	夕食（最後の晩餐）
	19:00	タクシーで池袋のホテルメトロポリタンへ
	20:30	チェック・イン
	21:00	就寝

水曜日	3:30	起床、執筆
	5:30	出勤、執筆、ホメオパシー診断
	7:00	朝食
	8:30	外来診察開始
	12:00	昼食
	13:30	外来診察
	17:00	外来診察終了
	17:30	夕食（最後の晩餐）
	19:15	帰室
	21:00	就寝

木曜日	3:30	起床、執筆
	5:30	出勤、執筆、ホメオパシー診断
	7:00	朝食
	9:00	気功教室開始
	9:50	気功教室終了
	10:00	外来診察開始
	12:00	昼食
	13:30	外来診察
	17:00	外来診察終了
	17:30	夕食（最後の晩餐）
	19:00	タクシーで川越へ
	20:00	帰宅
	21:30	就寝

金曜日		
	3:30	起床、執筆
	4:50	タクシーで出勤
	5:00	執筆開始
	7:00	気功教室
	8:00	朝食
	8:30	外来診察開始
	13:00	昼食
	14:30	外来診察
	16:00	外来診察終了
	16:30	講話開始
	17:00	講話終了
	18:00	夕食(最後の晩餐)
	19:30	帰宅
	21:00	就寝

土曜日、日曜日は年間100回の講演をこなすのに大童《おおわらわ》でした。

以上のような毎日が、60歳になった1996年からコロナ禍の始まる2020年の2月まで判を押したようにきちんとおこなわれてきたのですが、そのあと変わったことは、まず、川越の院内の道場の閉鎖にともなって、川越の病院での気功教室と養生塾がなくなり、わずかに、2週ごとの火曜日の午後3時から4時15分まで近くの木野目《きのめ》神社でおこなわれるようになったことと、土・日の講演が激減したことでしょうか。

さすがにその講演も少しずつ復活してきましたが、それでも現在は全盛期の半分といったところです。日銭を稼ぐということではかなり不利なことです。

その代わり、川越の道場での早朝の一期一会の太極拳が登場したことです。これをこつこつと続けることで私の太極拳が変わり、太極拳が生と死の統合の担い手としてナイスエイジングのエースになったことは前述した通りです。

この期間におこなった対外活動

①1996年　スピリチュアル・ヒーリングの研修旅行（60歳）

イギリスにおける代替治療の中核を成すスピリチュアル・ヒーリングを体験することが目的です。スピリチュアル・ヒーリングでは宇宙の根元に「パワーをください」と祈って、パワーが得られたら、これをクライアントのチャクラから体内に入れて、自然治癒力を高めようとするものです。中国の外気功と似ていますが、イギリスではこれは特別の訓練をしなくても、絵を描くことと同じように上手い下手はあれ、誰でもできることだといいます。

だから、イギリスにおけるスピリチュアル・ヒーリングの最大組織である、National Federation of Spiritual Healers（略称NFSH／英国スピリチュアル・ヒーラーズ協会）の提供するカリキュラムをこなせば、特に試験などはなく、あとは所定の官庁に申請さえすれば誰でもスピリチュアル・ヒーラーの資格を得られるのです。このあっさりしたところがいいですね。

このNFSHが用意してくれた私たちの研修旅行は8日間の日程で、ロンドン市内の医療現場での見学や授業を中心に3日間のセミナーがセットされていました。NFSHのトレーニング・センターはロンドンから西へ、ヒースロー空港を越えて車で1時間半ばかりのキャンベリという小さな町にあります。

森に囲まれた、いかにもイギリスらしい古い建物はH・P・ブラヴァツキーの神智学《しんちがく》関係のもので、1階の廊下の一角に、彼女の肖像画が掛けてあります。異常な霊媒性を備えていた人というだけあって目を剥いたなんとも怖い形相《ぎょうそう》です。講師はジャック・アンジェロさん。1996年から5年間、毎年2月にセミナーをおこなったものです。

私自身は日々の臨床のなかでスピリチュアル・ヒーリングを用いてはいませんが、気功の奥行きを深める意味では、いい経験をしたと評価しています。

②1997年　ホリスティック・サンフランシスコ(61歳)

当時のアメリカでは年々、人々の間に代替療法に対する関心が高まってきていて、代替療法に疎《うと》い開業医さんからの患者離れが目立ってきていたのです。そこで危機感を抱いた開業医さんたちが代替療法を学び、これを身につけようとする気運が高まってきて、サンフランシスコ州立大学のホリスティック医療研究所による、医療者向けに100日間ですべての代替療法を学ぶというプログラムが活況を呈してきたというのです。

そこで、この研究所の活況ぶりをこの目で確かめるべくツアーが組まれ、その団長のお鉢が私に回ってきたのでした。わずか4日間の体験でしたが、「さすがはホリスティック医学発祥の地アメリカだ!」と感嘆すること頻《しき》りといった旅でした。

あまりに興奮して帰国したために、日本ホリスティック医学協会の二代目の会長を引き受けてしまったというおまけまでついてしまいました。

③2000年1月　日本ホメオパシー医学会設立（64歳）

学会が発足したといってもまったくの素人です。そこで指導団体としてイギリスのファカルティ・オブ・ホメオパシー（Faculty of Homeopathy／ホメオパシー医師団）を選んで、会員の指導をお願いしました。その結果、まずは2000年秋にパースで開かれたファカルティのコングレスに出席。

その後、ファカルティの本部のあるスコットランドのグラスゴー詣でが始まります。正味7日間の集中講義が2年間で6回。メンバーは黒丸尊治《くろまるたかはる》、細谷律《ほそやりつ》子《こ》、板村論子《いたむらろんこ》、山田義帰《やまだよしき》そして私の5名。全員が所定の試験に合格して、研修旅行は無事修了。その後はグラスゴーの研修制度を基に、学会独自の研修制度をつくって毎年実施しています。

一方、リガ国際ホメオパシー医学会というのがあり、参加は70カ国。毎年各国が持ち回りで学術集会を開いています。わが学会も設立と同時に入会し、2

009年のポーランドのワルシャワ大会では、スペイン代表のカルロスさんの発案で、私が「気功とホメオパシー」という演題で発表しています。英語を喋れない私が70歳を超えてからの話ですから、ずいぶんと元気のある話です。

さらにわが学会も、2013年の秋の学術集会を担当しました。開催地は奈良市。私が大会長を務め、毎朝の気功の練功や歓迎会における雅楽のアトラクションなど日本色を十分に出し切って、評判は上々、成功裡に終わることができました。

しかし、年齢とともに外国行きが億劫になり、私自身は奈良大会以降、無沙汰を決め込んでいます。

④2000年5月　養生塾設立(64歳)

いつものように楊名時先生と杯を酌み交わしているときに閃《ひらめ》きました。「楊

名時太極拳21世紀養生塾」という言葉が右の中空に浮かんだのです。ホリスティック医学のスタートは医療と養生の統合です。

そして、この場合の養生は、体を労《いたわ》って病を未然に防いで天寿を全うするという、「守りの養生」ではなく、日々生命《いのち》のエネルギーを勝ち取っていき、死ぬ日を最高に、その勢いを駆って死後の世界に突入するという「攻めの養生」です。

そこで、その攻めの養生を果たしていく人を一人でも多く世に輩出するための塾をつくりたい。そして、その名称を先生のお名前をお借りして、「楊名時太極拳21世紀養生塾」としたいということを先生にお願いしたのです。先生は終始笑みを浮かべながら、うん、うんと頷《うなず》いて聴いていましたが、最後に一言、「よろしいよ!」と快諾してくださったのです。

そして、毎週火曜日の養生塾の練功風景を観ながら、あるとき閃いたのです。

凋落著《ちょうらく》しい地球の自然治癒力の回復に一役買うことができるのではないか、と。天災も昔より多くなったうえに、紛争が世界のあちこちで勃発《ぼっぱつ》し、目を覆いたくなるような惨状です。このまま行くと地球の滅亡につながりかねません。いまや地球の場の自然治癒力の回復こそ焦眉《しょうび》の急《きゅう》です。

それには日々、攻めの養生を果たしながら、ときに生命をあふれ出させる人々を一人でも多く世に輩出させることです。そのためにはわが養生塾の充実を図りながら、日本中に養生塾の分室を広げていくことであると閃いたのでした。そこで、わが養生塾の目的を「ホリスティック医学の成就」から「地球の場の自然治癒力の回復」にと拡大したのです。

そして忘れもしない2005年7月3日、楊名時先生が幽明界《ゆうめいかい》を異《こと》にされた後、虚空の先生に相談したうえで、名称も『帯津良一「場」の養生塾』と改めたのでした。

ひと頃は北は札幌から南は沖縄まで、全国に20カ所を超える養生塾が展開していましたが、コロナ禍のおかげで激減し、いまでは湯布院《ゆふいん》や芦屋《あしや》など数カ所になってしまいました。しかし、コロナ禍が完全に終息すれば往時の隆盛が戻ってくるもの、と確信している次第です。

⑤2004年　帯津三敬塾クリニック開設（68歳）

あるとき、折り入って頼みたいことがあるので、ということでJR直営のホテルメトロポリタンの会長さんとお会いすることになりました。場所はホテル内の和食のお店。会長さんの話はこういうものでした。

「これからの日本のテーマは観光と健康です。JR東日本としては、観光はこれまで十分に携わってきました。これからは健康の方面に進出したいのです」

この話の顛末《てんまつ》は大事なところなので、拙著『ホリスティック医学私論』（源草社）から引用いたします。

そこで、まずはホテルメトロポリタンのなかに診療所（クリニック）を開きたい。ただし、普通の西洋医学だけのクリニックではなく統合医学のクリニックを開きたいと言う。何か統合医学に対して特別な思いがあるらしいが、それについては明言しない。

そこで統合医学の第一人者である先生にお願いしたいのは、先生のお弟子さんか何か、先生の息の掛かった医師を紹介して欲しいのであると。私の専門は統合医学ではなくホリスティック医学なのだがと心中思ったが、この場合はまったくその差は関係ない、どちらでもいいのである。

そうはいっても、そう簡単に◯◯先生というわけにもいかないと考えながら、はっと閃いたのである。このことがＪＲ東日本さんの意識であるとすると、今回の統合医学クリニックの試みがうまくいくと、ＪＲ東日本の主要な駅に隣接するホテルに次々と統合医学クリニックが誕生することになるのではないかと。

そうなれば、統合医学をもって東日本を征圧できるぞ！　ならばここはどうしても成功させなければならない。となれば、ここはどうしても私がやるべきだろうと、そう思った途端、言葉が口を衝《つ》いて出てしまったのである。

「これは日本の医療の将来にとって、きわめて大事な話なので、私が自分でやりますよ！」

「えっ！　本当ですか！　それならばそれがいちばんですよ……」

しかし、これだけのことをスタートさせるには内装費や運転資金などの多額の資金が必要です。その点は、C化粧品のI社長さんにまるまるお世話になりました。この場をお借りして、改めて感謝したいと思います。

このとき、私は68歳。まだまだ元気。青年のようですね。

後半生における私の体力、知力、そして酒量

最後に、後半生における体力、知力、酒の量について記してみましょう。

まずは体力。60代はまだ体力の衰えはありません。60代に突入してまもなくの頃、新潟市の講演のために川越の病院から車で大宮駅まで送ってもらい、大宮駅から新幹線というコースを取ったものです。ところが、途中、渋滞に巻き込まれて新幹線に乗り遅れそうになったのです。講演で遅刻したのでは話になりません。大宮駅のコンコースを全力で走りました。そしてやっと間に合ったのです。ほっとして胸を撫で下ろしたものです。1週間ほどして、古くからお付き合いのある女性の患者さんからの葉書が届きました。

「先生！　先日は大宮駅のコンコースを全力で走っていましたね。60歳を超えた人間があれほど速く走れるものとは……」

その後日、群馬県のある町での講演を終えて新幹線の駅の改札口に来ると向

こうのホームに列車が入ってきています。駅員さんが私に向かって「走ってください！」と叫びます。私は夢中で、改札口を入って階段を駆け上り、跨線橋《こせんきょう》を渡り、階段を駆け下りて滑り込んだものです。このように60代ではある距離を全力で走ることなど、まったく苦にしていませんでした。

それが70代になったら急に走力が衰えたのです。駅のコンコースどころか、交差点の横断歩道を走って渡るのもやっととなりました。「ずいぶんと衰えたものだなあ！　でもこれが老いというものなのだろう」とあきらめ気味でした。

ところが80代の半ばにして、また走れるようになったのです。もちろん駅のコンコースというわけにはいきませんが、70代のときの倍くらいは走れるのです。

なぜなのだろうと考えてみました。

そしてわかったのです。前に述べましたように、コロナ禍になって病院の道場を閉じました。その代わり、近くの神社をお借りして養生塾を続けているのですが、こちらは2週間に1回ですから物足りません。そこで毎日の早朝、無人の道場で一期一会の太極拳をおこなうようになりました。たった1回だけといっても、毎日です。これが私の足腰を少し強くしてくれたのではないでしょうか。決して多くを望まず、淡々と楽しく続けるのがいいと思います。

次は知力です。まず医者の仕事を続けている限り、知力の衰えを感じることはありません。しかし、本を読まなくなりました。小説にしても実用書にしても、大作をしっかり腰を落ち着けて読むということがなくなりました。それには視力の低下も一役買っていると思います。老眼鏡をかけても若い頃のようにははっきりとは見えないのです。

それから忘れっぽくなりました。講演中に人名が出ないことはしばしばです。昨日もこんなことがありました。昔からの仲間数人と昼食を共にすることになりました。場所は川越市の丸広百貨店のなかにある「銀座アスター」なる中華レストランです。

このデパートは6階にレストラン街があることは知っていましたので、真っ直に6階に行きましたが、「銀座アスター」はありません。そこで店員さんに聞いてみようとしましたが、なんと「銀座アスター」という店名が出てこないのです。これでは聞きようがありません。

たまたま知人から送られたFAX紙を持ち合わせていたので、これを見せて聞くことができ、別館の3階にあることがわかったのですが、自分でもあきれてしまいます。

そして、最後は酒量です。これは若い頃とほとんど変わりません。見事なものです。生ビールの中ジョッキも2杯とシングルモルト・ウイスキーのロックが3杯あれば大満足です。死ぬまで十分に楽しめそうです。

おわりに

死後の世界が楽しみだ

死後の世界が現実味を帯びて近づいてきた昨今、だんだん向こうに行くのが楽しみになってきました。会いたい人でいっぱいです。

筆頭は太極拳の楊名時先生ですが、順不同で思いつくままに挙げてみますと、手術の名手の片柳照雄《かたやなぎてるお》さんに秋山洋《あきやまひろし》先輩。バー「フローラ」のママさんである永井《ながい》せい子さん。初代総師長の山田幸子《さちこ》さん。『納棺夫日記』の青木新門《しんもん》さん。気功の草分けである星野稔《ほしのみのる》さんと津村喬《つむらたかし》さん。両親に弟の太平。私を育ててくれた小母さん。幼馴染みの哲っちゃん。銀幕の世界では角梨枝子《すみりえこ》さん、野際陽子さん、海外に目を移せばジェーン・ラッセルさん、ソフィア・ローレンさん、そしてモーリン・オハラさんと多士済々《たしさいさい》です。

しかも、あの世は量子力学の世界。つらぬくは非局在性ですから、会いたい人はこちらの希望する場に希望する年齢、希望する姿で現れます。憎からず想っている女性が、こちらの望むような年齢、姿形《すがたかたち》で現れて、酒の席を共にしてくれるなんて最高ではないですか。

さらに、あの世は養生を続け、限りないレベルアップをもたらせてくれる世界ですから、

家業に励むのが養生の道。

朝から晩まで立ち働くことも、いくらでも好きなだけできますし、その先に待っているのは楽しい晩酌の時間です。

そして、いつも「太極拳はあの世に行ってからが勝負だ！」と言っていたように、こつこつと太極拳を極めていく広大な世界が待っています。この世で、

毎日、一期一会の太極拳に励んできたのも、この日のためと思うとうれしくなるではありませんか。

とにかく、あらゆる可能性を秘めた、めくるめくような世界が待っていてくれるのです。大いに期待しようではありませんか。

帯津良一（おびつ・りょういち）

日本ホリスティック医学協会名誉会長。日本ホメオパシー医学会理事長。1961年、東京大学医学部卒業。東京大学医学部第三外科、都立駒込病院外科医長を経て、1982年、帯津三敬病院を開院、現在は名誉院長。西洋医学に中医学やホメオパシーなどの代替療法を取り入れ、ホリスティック医学の確立を目指している。『健康問答』（五木寛之氏との共著、平凡社）、『死の不安を乗り越える「大ホリスティック」な生き方』『1分間養生訓（鳴海周平氏との共著）』（共にワニブックス【PLUS】新書）ほか著書多数。

素晴らしき哉《かな》、80代

87歳現役医師が綴る後半生の心構え

発行日　2023年7月10日　初版発行

著　者　**帯津良一**

発行者　佐藤俊彦

発行所　株式会社ワニ・プラス
〒150-8482
東京都渋谷区恵比寿4-4-9　えびす大黑ビル7F

発売元　株式会社ワニブックス
〒150-8482
東京都渋谷区恵比寿4-4-9　えびす大黑ビル
ワニブックスHP https://www.wani.co.jp
（お問い合わせはメールで受け付けております。
HPから「お問い合わせ」へお進みください）
※内容によりましてはお答えできない場合がございます。

ブックデザイン　堀 競（堀図案室）
イラストレーション　オギリマサホ
帯写真撮影　高橋聖人
DTP　小田光美
印刷・製本所　中央精版印刷株式会社

 ISBN 978-4-8470-7305-2